La véritable première guerre du Golfe

La guerre entre l'Iran et l'Irak

1980-1988

Cher lecteur, dans ce livre je vous raconte toute l'histoire et ces grands événements qui se sont déroulés durant la véritable première guerre du Golfe entre l'Iran et l'Irak, ainsi que ses belligérants ayants participé à ce conflit directement et indirectement. Vous découvrirez au sein de cette ouvrage les phases importantes de ce conflit méconnue du grand public.

Je vous souhaite une bonne lecture, votre cher auteur.

Willemain Thomas

Sommaire

Chapitre 1 : Contextes

Partie 1 : Contexte historique

Partie 2 : Contexte politique et religieux

Partie 3 : Contexte militaire

Partie 4 : Moment marquants est déroulé du conflit

Chapitre 2 : Les belligérants

Partie 1 : L'organisation des Moudjahidines du peuple Iranien

Partie 2 : Le parti démocratique du Kurdistan

Partie 3 : Le parti Baas Irakien

Partie 4 : L'unité Pasdaran

Partie 5 : Les Basijs

Chapitre 3 : Les batailles et les opérations

Partie 1 : Invasion Irakienne

Partie 2 : Impasse

Partie 3 : Offensives Iraniennes

Partie 4 : Guerre de positions

Partie 5 : Offensives Irakiennes finales

Partie 6 : Guerre des pétroliers

Partie 7 : Incidents internationaux

Chapitre 4 : Armes chimiques

Chapitre 5 : Implication extérieur

Chapitre 6 : Conséquences

Chapitre 1

Contextes

Partie 1 : Contexte historique

La guerre Iran-Irak, connue en Iran sous le nom de guerre imposée ou défense sacrée, et en Irak sous le nom de Qadisiya de Saddam est une guerre qui a opposé l'Iran à l'Irak entre le 22 septembre 1980, date de l'invasion Irakienne de l'Iran et qui se termina le 20 août 1988. La guerre s'inscrit dans la lignée des multiples dissensions liées aux litiges frontaliers opposant les deux pays. Elle est également due aux appréhensions des conséquences de la révolution Iranienne de 1979 qui porte l'ayatollah Khomeiny au pouvoir, le gouvernement sunnite Irakien de Saddam Hussein craignant que cette dernière n'attire les idées révolutionnaires de la majorité chiite longuement réprimée. Le conflit s'explique également par la volonté de l'Irak de remplacer l'Iran en tant que puissance dominante du Golfe Persique.

Espérant tirer profit de l'instabilité politique postrévolutionnaire régnant en Iran, l'Irak attaque sans avertissement formel en bombardant des bases aériennes le 20 septembre 1980, pénétrant sur le territoire Iranien deux jours plus tard, mais l'attaque sur les bases aériennes pour détruire au sol les aéronefs n'a eu que peu d'effets escomptés, seul une partie des aéronefs de l'armée de l'air Iranienne fut mis hors de combat. Malgré l'effet de surprise, l'armée Irakienne ne réalise que des gains territoriaux très limités, et est rapidement repoussé par une série de contre-attaques Iraniennes. Presque deux ans plus tard en juin 1982, l'armée Iranienne parvient à regagner les territoires perdus après l'attaque Irakienne et adopte une posture offensive pour le reste du conflit. Les deux pays comptent sur leurs revenus pétroliers pour subvenir à leurs besoins militaires, induisant une forte augmentation des exportations de barils, directement liée au conflit.

Cette guerre a souvent été comparée à la première guerre mondiale, du fait de la nature tactique et militaire employées par les deux camps. Le conflit se caractérise par une forme de guerre de tranchées du fait des grandes armées dont disposaient les deux belligérants, l'armée Irakienne été la quatrième plus grande armée de monde avec un effectif de plus d'un million de combattants. Ce conflit contraste avec le peu de blindés, d'aviations et d'aptitudes pour les opérations combinées. La guerre voit ainsi l'utilisation de fils barbelés s'étendant le long des tranchées, de postes de mitrailleuses, de charges à la baïonnette, ainsi que d'attaques par vagues humaines, tactiques militaires induisant un nombre considérable de pertes pour les armées des deux camps. Le conflit se démarque également par l'utilisation intensives d'armes chimiques par l'Irak, et par de multiples attaquent visant la population civile. L'Irak reçoit le soutien d'une grande partie de la communauté internationale, notamment des Soviétiques, ainsi que de nombreux pays occidentaux et arabes. L'Iran demeure quant à lui isolé tout au long du conflit.

Partie 2 : Contexte politique et religieux

En 1979, le Chah d'Iran est renversé par la révolution islamique, l'ayatollah Khomeiny proclame la République Islamique après le départ forcé du souverain déchu, en février 1979. Khomeiny s'était exilé en Irak de 1964 au 16 octobre 1978, puis en France jusqu'au mois de janvier 1979, après avoir été expulsé d'Irak pour son activisme pro-chiite. Après le succès du référendum sur l'installation d'un régime islamique en Iran, remporté officiellement à 98 %, il appelle dès 1980 les Irakiens à renverser le régime de Saddam Hussein arrivé au pouvoir un an plus tôt, son objectif est de promouvoir le mouvement islamique à travers tout le Proche-Orient. Il s'ensuivit une longue série d'incident frontaliers d'ampleurs croissantes, le Président Saddam Hussein, selon son habitude, aura voulu précéder l'événement et contenir un déferlement de la révolution Khomeinyste que ses services de renseignement jugent, à travers plusieurs indices, imminent.

C'est pourquoi Saddam Hussein, redoutant l'ascension de Khomeiny et son regain de popularité dans le monde musulman attaque l'Iran le 22 septembre 1980, sous le motif du désaccord frontalier. Longeant depuis longtemps plusieurs territoires Iraniens, il espère ainsi faire disparaître le régime fondamentaliste et réduire son influence sur le mouvement islamique, souhaitant lui-même prendre la gouvernance dans le monde arabe. Ses objectifs sont d'obtenir le déplacement de la frontière entre l'Irak et l'Iran sur la rive orientale du Chatt-el-Arab pour assurer une meilleure sécurité à la région de Bassorah. Obtenir la restitution des trois îles du détroit d'Ormuz annexées par le Chah en 1971 et soustraire le détroit à une emprise exclusivement Iranienne, pour ainsi provoquer un soulèvement dans la province Iranienne du Khouzistan, peuplée d'arabes et l'annexer.

Pendant l'hiver 1979-1980, les relations se détériorent brutalement entre l'Iran et l'Irak alors qu'elles paraissaient apaisées depuis de longues années. Des manifestations violentes se déroulent devant l'ambassade Irakienne à Téhéran, appelant au renversement du régime Baassiste de Saddam Hussein. Des drapeaux et des effigies du président Irakien sont brûlés devant des représentants de la presse internationale. Dans la province frontalière du Khouzistan (la terre des tours), le consulat Irakien de Khorramchahr est saccagé et son consul expulsé, de nombreuse école enseignant l'arabe sont vandalisées et leurs enseignants molestés. Prétextant la présence en Irak de Moudjahidin hostiles à la révolution islamique, le régime Iranien envoie son aviation survoler l'espace aérien Irakien et simuler des attaques sur des casernes Irakiennes. Bagdad riposte en bombardant plusieurs villages frontaliers, en ordonnant la fermeture des consulats Iraniens de Bassora et Karbala et en réaffirmant ses droits sur le fleuve Chatt el-Arab. Le 8 février 1980, dans son allocution télévisée, Saddam Hussein, appelle à la solidarité de tous les pays arabes pour l'aider à s'opposer, par tous les moyens, aux provocations Iraniennes.

Dans le monde arabe, chacun comprend que Saddam Hussein n'a désormais plus qu'une idée en tête, faire échec aux manœuvres de l'Iran, par la force si nécessaire. En Iran, la répression, initiée par les révolutionnaires qui ont chassé le Chah du pouvoir en février 1979, se poursuit, sauvage et impitoyable. Les combats sont féroces entre gardiens de la révolution et anciens supporters du Chah. La situation reste chaotique. L'escalade verbale se poursuit entre Téhéran et Bagdad, le 15 mars 1980, l'ayatollah Khomeiny interpelle l'opinion publique Irakienne en ces termes « O peuple Irakien, méfie-toi de tes dirigeants et fais la révolution jusqu'à la victoire ». Six jours plus tard, son fils Ahmed se veut plus menaçant encore et déclare « Nous devons déployer tous les efforts nécessaires afin d'exporter la révolution dans les autres pays et rejeter l'idée de la contenir dans nos seules frontières ». De son côté, le pouvoir Irakien réclame l'abrogation de l'accord d'Alger du 6 mars 1975, lorsque Saddam Hussein et le Chah d'Iran avaient annoncé, devant les caméras du monde entier, qu'ils avaient conclu un accord pour mettre un terme à leurs divergences.

Aux termes de celui-ci, les deux parties s'étaient entendues pour procéder à la démarcation définitive de leurs frontières terrestre et fluviale, contestée pendant des siècles. La frontière fluviale passerait désormais au milieu du Chatt el-Arab et non plus le long de la rive Persane, comme auparavant. Le 1er avril 1980, Tarek Aziz, l'un des plus proches collaborateurs de Saddam Hussein, figure de proue de la communauté chrétienne Irakienne, est victime d'un attentat alors qu'il prononce un discours à l'université de Bagdad. Une grenade éclate à quelques mètres de lui, le blessant légèrement. Une dizaine d'étudiant sont tués. Un activiste chiite est aussitôt arrêté, les services Irakiens l'accusent d'être un agent infiltré de la Savama Iranienne, le nouveau service d'espionnage qui a succédé à la redoutable Savak. Le lendemain, le président Irakien fait une déclaration fracassante affirmant que le sang versé ne sera pas oublié. Trois jours plus tard, lors des funérailles des victimes de l'attentat, une nouvelle attaque ensanglante la capitale Irakienne. Cette fois, c'est une bombe artisanale, lancé depuis l'école Iranienne située sur le parcours du cortège funéraire, qui fait plusieurs dizaines de mort et de blessés. Le régime Irakien pointe Téhéran du doigt. Le président Iranien Bani Sadr réagit immédiatement et accuse Bagdad de provocation grossière dénonçant l'idéologie Baassiste, le ton monte. Saddam Hussein adresse une mise en garde, ils se trouveront très ferme à l'ayatollah Khomeiny et saisit le conseil de sécurité des Nations Unis, réclamant le vote de la résolution condamnant l'occupation illégal de l'Iran des îlots émiriens Tomb et Abou Moussa (situés près du détroit d'Ormuz). Et pour que Khomeiny prenne conscience de sa détermination, il ordonne l'exécution immédiate de l'ayatollah Mohammed al-Sadr, compagnon d'exil guide suprême de la révolution Iranienne. Parallèlement, il ordonne l'expulsion vers l'Iran de 40 000 Irakiens d'origine Iranienne. Khomeiny réagit en appelant ouvertement au renversement de Saddam Hussein. Cette déclaration suscite le branle-bas de combat parmi les monarchies du Golfe, qui comprennent qu'il va leur falloir s'unir d'une manière ou d'une autre, mais aussi soutenir le régime de Saddam Hussein pour contenir l'expansionnisme chiite Iranien. Sur le terrain les accrochages se poursuivent. Mi-avril, une patrouille Iranienne mitraille un poste frontalier, en riposte à l'attaque d'une position Iranienne par des hélicoptères Irakiens.

La guerre psychologique s'accélère. Le 27 avril 1980, Radio Téhéran annonce l'assassinat de Saddam Hussein. La fausse nouvelle vise à déstabiliser le régime Irakien, trois jours plus tard, l'ambassade d'Iran à Londres est attaquée par un commando se réclamant d'un mouvement révolutionnaire démocratique pour la libération de l'Arabistan, jusqu'alors inconnu. Téhéran y voit la marque des services spéciaux Irakiens. Le SAS Britannique, appelé à la rescousse, doit intervenir cinq jours plus tard pour libérer les diplomates Iraniens pris en otages. Pour corser un peu plus la situation, l'Iran accorde le droit d'asile aux frères Barzani, deux des chefs historiques de la rébellion Kurde qui a ensanglanté le nord de l'Irak en 1974-1975. Les deux frères Idriss et Massoud Barzani en profitent pour ressusciter leurs réseaux de Peshmergas. Le gouvernement Irakien, qui ne souhaite pas rallumer la guerre sur le front Kurde, multiplie les concessions à l'égard de leur grand rival, Jalal Talabani tout en se lançant dans une série de raids meurtriers visant les Peshmergas ralliés aux frères Barzani. Jalal Talabani en profite pour asseoir son emprise sur les villes du Kurdistan Irakien, notamment dans la région pétrolière de Kirkouk, laissant à ses rivaux le contrôle de la zone montagneuse frontalière. Il négocie l'entente suivante avec Saddam Hussein, en échange d'une plus grande autonomie régionale, ses partisans cessent de harceler militairement le régime.

Le président Irakien y trouve son compte, puisqu'il divise la guérilla Kurde et évite la constitution d'un front uni contre lui. Pendant ce temps, la situation reste toujours aussi chaotique en Iran, le président Bani Sadr intensifie les opérations contre les opposants du nouveau régime. Il maintient les forces armées sous étroite surveillance, craignant un coup d'état. Non sans raison, car le 4 juillet 1980, le général Oveyssi, ancien chef de la garde impériale, déclare avec assurance pouvoir se rendre maître de Téhéran avant la fin de l'été ! De fait un vaste complot militaire est déjoué dans la nuit du 9 au 10 juillet, quelques heures avant son déclenchement. Ce coup d'état, orchestré depuis Paris par le général Oveyssi et Chapour Bakhtiar, devait être déclenché sur la base aérienne de Nojeh, près de Hamadan, par les généraux Saïd Mahdiyoun et Ayat Mohagheghi. Cette base abritant les puissants chasseurs Phantom avait été choisie par les mutins pour sa proximité avec la capitale Iranienne. Une trentaine d'appareils, lourdement armés, auraient dû bombarder à l'aube la résidence de l'ayatollah Khomeiny, le palais présidentiel, le siège du gouvernement et plusieurs casernes de gardiens de la révolution. Des détachements de soldats fidèles au Chah, renforcés par plusieurs bataillons de l'armée de terre, auraient ensuite été héliportés dans la capitale pour s'emparer des symboles du pouvoir. Le régime révolutionnaire réagit férocement, plus de 600 officiers et sous-officiers sont arrêtés, y compris une cinquantaine de pilotes, la plupart sont exécutés après un procès sommaire supervisé par les gardiens de la révolution. Quant au général Oveyssi et à Chapour Bakhtiar, leur participation active à cette conjuration signera leur arrêt de mort. Le régime Iranien les poursuivra pendant des années.

L'escalade et la décision de Saddam Hussein

Saddam Hussein choisit la guerre, l'échec de ce complot renforce Saddam Hussein dans ses convictions, tout d'abord, il réalise qu'il est illusoire d'espérer qu'un coup d'état militaire puisse balayer la révolution islamique.

Il comprend que l'opposition Iranienne, malgré le soutien actif de la CIA, n'a pas plus de chance d'y parvenir. Les Kurdes, les Azéries et les Baloutches se battent pour leur autonomie, voire leur indépendance, pas pour changer le régime de Téhéran. Saddam saisit également qu'il est illusoire d'espérer une intervention militaire des Etats-Unis ou de l'Union Soviétique, empêtrée en Afghanistan depuis plus de six mois. Il en tire donc la conclusion qu'il faut agir rapidement pour affaiblir le régime Iranien, à défaut de pouvoir le renverser, les deux régimes se trouvent désormais sur une trajectoire de collision. Saddam Hussein est fermement convaincu que Khomeiny veut sa perte et qu'il fera tout pour l'abattre. Pour sauver son pouvoir, Saddam Hussein en arrive à la conclusion qu'il faut attaquer préventivement l'Iran pour fragiliser le régime de Khomeiny, peut-être même précipiter sa chute. Il pourra surtout rétablir la souveraineté Irakienne sur l'ensemble du Chatt el-Arab et laver l'affront de l'accord d'Alger. Et s'il peut s'emparer au passage de quelques territoires Iraniens limitrophes riches en pétrole, tant mieux ! Le moment semble d'autant plus propice que l'armée Iranienne, désorganisé par la révolution et l'embargo occidental, n'est plus que l'ombre d'elle-même. Ce qu'il en reste est éclaté sur plusieurs fronts pour combattre les séparatistes Kurdes, Azéries, Arabes et Baloutches avec l'assistance des gardiens de la révolution. Les rapports des services secrets Irakiens stipulent en outre qu'après l'échec du complot de Nojeh, l'aviation Iranienne, qui constituait le fer de lance de l'armée impériale, est cloué au sol. Saddam Hussein estime qu'une guerre rapide avec l'Iran lui permettra d'occuper ses militaires et d'accroitre son prestige. Il semble d'autant plus confiant que son programme nucléaire progresse dans la bonne direction, alors que celui de l'Iran a été stoppé brutalement par les révolutionnaires.

Enfin, en attaquant l'Iran, Saddam Hussein est persuadé de s'imposer comme le chef de file du monde arabe, marginalisant ainsi le Syrien Hafez el-Assad, son plus grand rival. Il est convaincu qu'une fois mises devant le fait accompli, les monarchies du Golfe, n'auront pas d'autres choix que de le soutenir et l'aider financièrement. Les Etats-Unis selon lui, ne bougeront pas, quant aux Européens, Saddam Hussein est persuadé que ceux-ci les suivront, car ils sont inquiets du risque de propagation de la révolution islamique sur l'ensemble de la région, et ils ont en outre besoin de lui vendre des armes. Son seul souci concerne le Kremlin dont il a du mal à prédire la réaction. Intuitivement, il estime que les Soviétiques après avoir perdu toute influence en Egypte, respecteront le traité d'amitié et d'assistance qui les lie à l'Irak et ne prendront pas de risque de perdre un allié de poids au Moyen-Orient.

Mi-juillet, Saddam Hussein convoque son état-major pour lui demander de se tenir prêt à entrer en guerre contre l'Iran, sans évoquer ni date ni objectif militaire précis. Il donne un mois à ses généraux pour préparer l'armée et lui proposer un plan de bataille cohérent, la plupart des généraux accueillent la nouvelle avec inquiétude, mais aucun n'a le courage de discuter cette décision. Tous savent que Saddam est sourd aux conseils qui ne vont pas dans son sens et qu'il élimine sans pitié ceux qui se mettent en travers de ses projets. Car l'armée n'est pas vraiment prête pour la guerre, les matériels sont certes en cours de modernisation, mais ils restent dans l'ensemble inférieurs à ceux dont dispose l'armée Iranienne. L'entraînement laisse à désirer, la logistique ne suit pas, la motivation reste faible, les militaires Irakiens seraient prêts à se battre pour défendre leur pays contre les Kurdes ou pour envahir le Koweït qu'ils considèrent comme faisant partie intégrante de l'Irak, mais agresser l'Iran, c'est une autre affaire !

L'état-major se lance donc dans le plus grand secret, dans la préparation d'une offensive militaire de grande ampleur. Tous savent que leur président ne tolère aucune fuite et qu'un destin funeste attendrait celui qui commettrait la moindre erreur. Pendant ce temps, la lutte pour le pouvoir continue à Téhéran, Khomeiny poursuit sans relâche ses trois priorités (consolider la révolution islamique, préparer la prise du pouvoir par le clergé et éviter que l'Iran retombe sous influence étrangère). Le 27 juillet 1980, l'empereur déchu Mohamed Reza Pahlavi s'éteint au Caire, dans l'indifférence général, le président Anouar el-Sadate lui offre des funérailles grandioses, s'attirant un peu plus les foudres du régime Iranien qui vous désormais l'Egypte aux gémonies.

Le 16 août 1980, Saddam Hussein convoque de nouveau son état-major, il informe ses généraux de sa décision irrévocable d'attaquer l'Iran, même s'il n'a toujours pas de calendrier précis. Le président Irakien hésite, car son armée n'est toujours pas prête, il est bien conscient que se lancer dans une guerre totale avec l'Iran qui viserait à anéantir l'armée Iranienne et la capture de Téhéran sera difficile. L'Iran est un pays beaucoup trop vaste, trop montagneux et trop peuplé pour qu'une telle hypothèse soit envisageable. Il vise simplement une guerre limitée qui lui permette de prendre des gages territoriaux et de renégocier à son avantage le tracé frontalier et le statu du Chatt el-Arab, profitant de la faiblesse momentanée des Iraniens. Il imagine une sorte de Blitzkrieg limité dans l'espace et le temp, visant à affaiblir durablement le régime Iranien et à instaurer un nouveau rapport de force favorable à l'Irak. Il espère une victoire rapide qui ébranlera le pouvoir de Khomeiny et le contraindra à revoir à la baisse ses ambitions hégémonique.

Le 26 août 1980, la situation se tend brutalement le long de la frontière, trois jours après que Saddam Hussein est allé inspecter la garnison frontalière de Khanaqin, située à proximité de la ville Iranienne de Qasr-e-Shirin. Des échanges de coup de feu se multiplient des deux côtés de la frontière, y compris à l'arme lourde, sans que l'on sache véritablement quel camp est l'investigateur. Une chose est sûre, le crime profite au pouvoir Irakien, qui peut ainsi faire monter la tension de manière à justifier un casus belli, ces accrochages lui permettent de justifier l'envoi d'importants renforts à proximité de la frontière. De leur côté, les soldats Iraniens n'hésitent pas à riposter, parfois de manière disproportionnée, faisant ainsi le jeu de Saddam Hussein, ils ont reçu des ordres très clair du président Bani Sadr qui les encourage à faire preuves de la plus grande fermeté. Et pour éviter tout témoins gênants, le gouvernement Iranien interdit la présence de journalistes étrangers à proximité des zones d'affrontements.

La situation dégénère à partir du 4 septembre lorsque l'artillerie entre en action, les canons Irakiens pilonnent les bourgades Irakiennes de Khanaqin et Mandali situées au pied des monts Zagros, au centre du dispositif Irakien, à un peu plus d'une centaine de kilomètres de Bagdad. Saddam Hussein a beau jeu d'accuser l'Iran de déclencher les hostilités, car lui ne ménage pas ses efforts pour amener les journalistes étrangers à proximités des localités bombardées, il ordonne à son armée de réoccuper plusieurs parcelles de territoire Iranien revendiquées par l'Irak. Appuyé par l'artillerie et les blindés, son armée est situés sur le Chatt el-Arab, mais aussi sur deux zones contestées totalisant 324 kilomètres carrés. Les Iraniens perdent à cette occasion deux vedettes qui naviguaient sur le Chatt el-Arab, cinq chars et une cinquantaine soldats, en face, une centaine de soldats Irakiens sont tombés au cours de ces opérations.

Les accrochages se multiplient aussi dans les airs, le 7 septembre, cinq hélicoptères Irakiens franchissent la frontière Iranienne, ils sont aussitôt interceptés par un Tomcat Iranien qui parvient à en abattre un, laissant les autres rebrousser chemin. Le premier combat aérien entre chasseur survient dès le lendemain, deux MIG-21 Irakiens abattent un Phantom Iranien en train de mitrailler des blindés déployés le long de la frontière, deux jours plus tard, un chasseur F-5 Iranien est désintégré par un autre MIG-21, le 10 septembre, les Iraniens prennent leur revanche, un Tomcat parvient à détruire un SU-22 Irakien en tirant un missile Phoenix à très longue portée. Quatre jour plus tard, le président Bani Sadr échappe de peu à la mort, alors qu'il survolé le terrain en hélicoptère à la frontière pour une inspection, un MIG-23 arrive à sa position et tire deux missiles air-air, sans savoir qui se trouve à bord de la cible, le pilote Iranien lance aussitôt des leurres et plonge vers le sol enchaînant les manœuvres évasives, tandis que son escorte tente de contrer le chasseur, un Phantom Iranien évoluant non loin de là arrive en renfort et fait fuir le chasseur Irakien, le président Iranien sent sort indemne. Le 16 septembre, Saddam Hussein retrouve ses plus proches conseillers pour une ultime réunion de concertation au cours de laquelle il leur indique sa décision d'entrer en guerre contre l'Iran dans les jours qui viennent.

Le lendemain, 17 septembre 1980, Saddam Hussein franchit un cap et dénonce l'accord d'Alger, le déclarant nul et non avenu. Il invite le gouvernement Iranien à ouvrir des négociations pour entériner le changement de statut du fleuve, le lendemain le ministre des affaires étrangères Iranien refuse cette demande. Conscient qu'il n'a plus d'autre choix que la guerre, Saddam Hussein envoie Tarek Aziz faire œuvre de pédagogie auprès des principaux dirigeants arabes. Le message est très clair (ce sont les Iraniens qui sont responsables de l'aggravation de la situation, il est du devoir des pays arabes qui en ont les moyens de financer la croisade que Saddam s'apprête à conduire pour contenir l'agresseur Persan). Ce message est également relayé auprès des Occidentaux qui commencent à s'inquiéter de la tournure prise par les événements. Sur le terrain, les combats s'intensifient le long du Chatt el-Arab, la ville d'Abadan est prise pour cible par l'artillerie Irakienne. Deux chasseurs F-5 Iraniens sont abattus par la DCA le long de la frontière, l'un des deux pilotes et tués, l'autre, le sous-lieutenant Hossein Lashgari, parvient à s'éjecter. Il est aussitôt capturé, et sera libérer en 1996, ce qui fait de lui le combattant Iranien ayant passé le plus de temp dans les prisons Irakiennes. Le 18 septembre, les généraux mettent la dernière main à leur plan de bataille, ils décident d'attaquer le 22 septembre car les prévisions météorologiques sont favorables à cette date. Il ne leur reste plus que trois jours pour alerter les unités.

Partie 3 : Contexte militaire

A cette époque, l'Irak est un pays économiquement et militairement puissant dans le Golfe Persique, grâce aux revenus des pétrodollars et à une politique de modernisation que Saddam Hussein a mis en place dans son pays, (école obligatoire pour les garçons et les filles, politique volontariste et croissance de l'élite Irakienne).

Les grandes puissances, inquiètes de l'opposition de la République Islamique Iranienne, voient en l'Irak un pays qui pourrait évoluer vers la laïcité et faire contrepoids à l'Iran. C'est pourquoi elles ne s'opposent pas dans un premier temps à l'offensive Irakienne, allant jusqu'à la soutenir par la suite. C'est en particulier le cas de l'URSS, de la France et des Etats-Unis. La situation se dégrade le 17 septembre 1980 lorsque Saddam Hussein dénonce l'accord d'Alger de 1975, prévoyant la libre navigation sur le Chatt-el-Arab, cette position ravive un vieux différent territorial entre les deux pays. Malgré que l'Iran soit plus grand est plus peuplé que l'Irak, l'embargo Américain sur les livraisons d'armes, causé par la crise des otages, isoles et affaiblissent considérablement l'armée Iranienne. A l'époque, l'Irak est à l'apogée de sa puissance politique et militaire, cependant, en dépit de la puissance de l'armée Irakienne, le conflit s'enlise rapidement, l'erreur de Saddam Hussein est de croire que les importantes purges menées au sein des forces armées Iranienne par Khomeiny ont considérablement affaibli le potentiel militaire et défensif du pays (les forces Iraniennes sont alors passés de 500 000 hommes en 1979 à 250 000 hommes à la veille de la guerre), la plus forte résistance à l'avancée des troupes Irakiennes viendra surtout de la milice chiite créé par Khomeiny le 5 mai 1979 (le corps des Gardiens de la révolution Islamique) que plus de 500 000 personnes rejoindront au cours du conflit.

La seconde erreur du président Irakien vient de sa surestimation de la puissance militaire de son pays, si l'armée Irakienne est largement pourvue en équipement modernes, elle manque d'encadrement de qualité et d'expérience pour mener une guerre de cette envergure. Saddam Hussein voulait prendre le contrôle des directives des opérations militaire, mais il n'avait jamais fait l'armée, ce qui causa des problèmes stratégiques, mais les généraux Irakiens devait s'adapter en conséquence. Cette situation se ressentira particulièrement pour l'armée de l'air dont les échecs initiaux (bombardement peu précis, problème de logistique) faciliteront grandement la contre-offensive Iranienne. Du côté Irakien on bénéficie de techniciens professionnels formés à l'occidentale (Garde Républicaine), la faible capacité offensive de l'armée pourrait être compensées par l'utilisation d'armement toujours plus sophistiqués (bombes à guidage laser, char de nouvelles générations), mais les conscrits souvent chiites et kurdes, sont peu armés et ne servent qu'à freiner le premier élan des attaques ennemis. L'Irak compte sur la puissance et la modernité de son aviation, alors très largement supérieur à l'aviation Iranienne (très affaiblie par les purges et l'embargo économique). L'enrôlement de masse, y compris de très jeunes garçons du côté Iranien, s'accompagne d'une exaltation des martyrs.

Il est arrivé que les jeunes volontaires endoctrinés se précipitent sur les champs de mines. La population civile est fortement mise à contribution, pour compenser les graves carences (dues aux purges Khomeinyste) de l'armée régulière. Du point de vue géographique, les principales villes Iraniennes situées à distance de la frontière, sont protégées par l'impressionnante chaîne montagneuse des monts Zagros. Sa capitale se trouve à 740 kilomètres du front, au fond d'un haut plateau adossé à de haute montagneux dominant la mer Caspienne. Sa population est plus jeune, ce qui l'assure d'un réservoir de forces plus importantes. Enfin, son budget militaire est supérieur à celui de l'Irak.

Le gouvernement Iranien peut donc compter sur une marge de manœuvre financière supérieur à celui de l'Irak, la seule faiblesse de l'Iran réside en fait de son réseau d'oléoducs centré sur la plaine côtière du Khouzistan où se trouvent ses principaux gisements de pétrole, son principal dépôt d'hydrocarbures (Ahwaz), son principal port fluvial (Khorramchahr), sa principale raffinerie (Abadan), mais surtout ses deux principaux pétroliers (Kharg et Bandar Khomeiny). L'Irak ne dispose quant à lui d'aucune défense naturelle, à l'exception de ses fleuves et de ses marais, ses villes les plus importantes sont proches du front. Bagdad n'est qu'à 160 kilomètres de la frontière par la route, et à 6 minutes de vol par avion. Bassora, la seconde ville du pays, est à portée de canon de l'Iran. Les généraux Irakiens sont donc obligés de s'accrocher au terrain-là où les Iraniens peuvent miser sur une défense en élastique en profondeur. Quant au réseau pétrolier Irakien, celui-ci reste d'autant plus vulnérable qu'il est scindé en deux pôles de production (au nord, dans la région de Kirkouk et au sud, dans la région de Bassora).

Les forces armées Irakiennes sont structurées suivant un modèle hybride inspiré à la fois des système Britanniques et Soviétique. Les unités blindées mécanisées calquent leur organisation sur celle de l'armée Russe, tandis que les divisions d'infanterie demeurent très proches du modèle Britanniques. La défense antiaérienne reproduit fidèlement le schéma Soviétique, alors que l'aviation reste organisée en escadron indépendants, à l'image de la Royal Air Force. Ces forces sont, pour la majeur partie, équipées de matériel Soviétique, dans l'ensemble vieillissant. Malgré cela, les généraux Irakiens, s'inspirant du modèle Soviétique, transforment de plus en plus de bataillons d'infanterie classique en unités de grenadier voltigeurs, capables de suivre et protéger les chars à bord de leurs propres véhicules blindés. Ces fantassins ne sont plus entraînés à monter à l'assaut des tranchés ennemies et leur motivation laisse à désirer. Les seuls corps d'élite que Saddam Hussein peut s'appuyer sont la brigade blindée de la Garde Républicaine, les forces spéciales et le génie. L'aviation sert d'ultime rempart du régime.

Quant aux Iraniens ils possèdent un stock considérable de pièces de rechanges et de munitions, le problème ses quelles sont disperser un peu partout sur plusieurs sites éloignés, de plus, les stocks sont géré par un programme informatique de gestion que les Américains n'ont pas fini de mettre en place avant leur départ, les ingénieurs Iraniens se retrouvent confrontés à gérer d'immense dépôt dont il n'ont ni le plan ni la nomenclature, comment identifier les pièces de rechanges pour le matériel, de plus, de nombreux techniciens ont désertés, sachant que seulement la moitié des aéronefs sont opérationnels. L'atout majeure de l'aviation Iranienne demeure ses quatre Boeing 747 transformés en postes de commandement volant, et sa dizaine de Boeing ravitailleurs en vol qui permettent aux chasseurs Iraniens de rester beaucoup plus longtemps en l'air que leurs adversaires, et de frapper en profondeur le territoire Irakien, si nécessaire. Pour l'aviation légère seul un tier est opérationnel sur 800 hélicoptères. Comparé au système de protection aérien, radar, système de DCA Irakien qui fait un effet parapluie sur l'ensemble du pays contre les menaces aériennes, le système de détection Iranien qui est très moderne souffre du même problème d'entretien que son aviation. Elle est organisée à couvrir les principales villes et bases aérienne du pays.

Comparé à l'Irak qui a une marine moins moderne, moins nombreuse et vieillissante, la marine Iranienne est la force navale la plus imposante du Golfe capable de conduire des raids dévastateurs contre des plateformes pétrolières ennemies. Ces navires sont principalement regroupés sur les bases navales de Bandar Abbas, en mer d'Oman et de Bouchehr, à l'intérieur du Golfe. La structure des forces armées Iraniennes s'inspire à la fois des systèmes Britanniques et Américain. L'organisation divisionnaire de l'armée de terre ressemble à l'US Army (division peut nombreuses et imposantes, équipées de beaucoup d'hommes et de matériels, capables d'agir indépendamment les unes des autres grâce à leurs puissants appuis, mais peu flexibles et très dépendantes de la logistique. L'organisation des brigades et des bataillons copie le modèle Britannique qui privilégie la souplesse et la réactivité. L'aviation reproduit le modèle de l'US Air Force (escadre spécialisée dans un type particulier de mission regroupant chacune 2 à 3 escadrons d'une vingtaine d'appareils), la composition de l'aviation légère rappelle elle aussi le modèle Américain (brigades mixtes rassemblant plusieurs bataillons d'hélicoptères de reconnaissance, de transport et de lutte antichar.

L'organisation de la marine s'inspire directement ce celle de la Royal Navy. Paradoxalement, alors qu'ils rejettent toute référence à l'Occident, les Iraniens en appliquent les schémas en matière militaire ! L'armée Iranienne s'est équipée essentiellement de matériels Américains et Britanniques, compliquant la tâche des logisticiens. Le reste de l'armée voit cohabiter des équipements d'origine disparate, n'ayant ni les mêmes modes opératoires. Bien qu'ils soient disparates, tous ces matériels ont l'avantage d'être très modernes, conférant un avantage considérable à l'armée Iranienne, la plupart surclassent ceux de l'armée Irakienne. En pratique, nombre de ces armements ne sont cependant plus opérationnels, par défaut d'entretien ou manque de personnel qualifié pour les mettre en œuvre. En conséquence, de nombreux avions, chars et hélicoptères sont (cannibalisés) pour permettre aux Iraniens de maintenir les autres en état de fonctionnement. Qui plus est, les unités sont dispersées sur l'ensemble du territoire pour tenir le terrain face aux insurgés, protéger le régime et couvrir l'ensemble des frontières. De ce fait, la moitié seulement de l'armée Iranienne se trouve en mesure d'affronter l'armée Irakienne dès l'ouverture des hostilités.

Au-delà du seul aspect quantitatif, il convient de souligner également les faiblesses qualitatives de l'armée Iranienne postrévolutionnaire (politisation excessive de l'encadrement, présence sclérosante de commissaires politiques inhibant l'esprit d'initiative des officiers, rivalité croissantes entre l'armée régulière et celle des gardiens de la révolution, coordination déplorable différentes composantes des forces armées, manque d'entrainement), ce dernier point est d'autant plus gênant que l'armée Iranienne ne dispose d'aucune expérience réelle dans le domaine du combat mécanisé de haute intensité. Quant à l'état-major, celui-ci est peuplé d'individus aux convictions révolutionnaires impeccables, mais l'expérience opérationnelle et aux capacités de commandement très limités, pire, il n'y a aucun stratège. Sur le papier, l'armée Iranienne paraît plus puissante que l'armée Irakienne, en réalité, le rapport de forces est favorable à cette dernière, notamment en nombre d'avions et de blindés. Sur la ligne de front qui s'étend sur plus de 900 kilomètres des confins du Kurdistan à l'embouchure du Chatt el-Arab, les Irakiens se trouvent en effet à près de deux contre un face aux Iraniens, et parfois du quatre contre un sur certains secteurs du front.

Certes, cet avantage n'est pas censé durer, mais il peut s'avérer suffisant dans le cadre de la guerre éclair voulue par Bagdad. On comprend mieux, dès lors, pourquoi Saddam Hussein prend le risque de se lancer dans une guerre contre l'Iran.

Partie 4 : Moments marquants est déroulé du conflit

Le 20 septembre 1980, l'aviation Irakienne bombarda un certain nombre de terrains d'aviation Iraniens. Deux jours plus tard, l'armée Irakienne entrait en Iran, l'Irak affirmait vouloir exercer à nouveau sa souveraineté sur les voies navigables et sur les territoires du Chatt-el-Arab, cédés en 1975. Les forces Irakiennes avançaient le long de trois axes (vers Qasr-e-Chirin au nord, Mehran au centre, et surtout Susangerd et Khorramchahr dans le sud). L'Irak espérait qu'un tel mouvement entraînerait rapidement la chute du nouveau régime, l'Irak réussit à franchir la frontière, mais la profondeur de pénétration variait considérablement d'une percée à l'autre. Le plus gros succès fut obtenu au sud, après la chute de Khorramchahr au prix de très durs combats. Le premier bilan n'est pas bon pour les Irakiens qui ont laissé passer le coche de la victoire et se retrouvent sur la défensive, les Iraniens se sont imposés sur la mer et dans les airs, le 10 décembre ils se permettent même de lancer une première contre-offensive dans le secteur de Darkhovin, pour tenter de briser le siège d'Abadan. Mal coordonnée, celle-ci échoue, mais permet de réduire l'étendue de la tête de pont Irakienne le long de la rive orientale du fleuve Karoun. Saddam Hussein a désormais compris qu'il ne pouvait plus gagner, à moins de disposer de la bombe atomique. Il lui faut accepter un match nul qui préserve son image et son statut de leader patenté du monde arabe. Le dictateur Irakien comprend que la guerre s'inscrit dans la durée. Pour quel reste acceptable par la classe moyenne qui forment le gros bataillon de parti Baas, il faut limiter les effets visibles. Il va donc s'attacher à maintenir un semblant de normalité dans la vie quotidienne des Irakiens. Il maintient les soldats mobilisés sous les drapeaux, mais refuse pour l'instant de décréter la mobilisation générale.

Il continue d'injecter l'argent du pétrole dans la société, poursuit sa politique de grands travaux et ordonne l'accélération des travaux d'achèvement de la centrale nucléaire d'Osirak. Parallèlement, il convainc les monarchies du Golfe de financer son effort de guerre, car ses revenus pétroliers se sont effondrés et le maintien de l'armée sur le front coûte très cher. Puisqu'il ne peut plus obtenir la décision par la force, le dictateur Irakien entend bien contraindre l'Iran à la négociation en bombardant sa population et son infrastructure pétrolière. Avant la guerre, les deux pays comptaient sur leurs revenus pétroliers pour subvenir à leur besoins militaires (3,5 millions de barils par jour exportés par l'Irak contre 1,6 millions pour l'Iran). Au début de 1980, les deux pays n'exportaient plus chacun que 600 000 barils par jour. En raison de cette diminution considérable, l'Irak dut la recouvrir à l'aide de l'Arabie Saoudite. En Iran le régime estime avoir encaissé le plus dur, il a contenu tant bien que mal le choc de l'invasion Irakienne, même s'il lui a fallu céder de terrain. Hormis à Khorramchahr et Abadan, les combattants Iraniens ont su éviter le piège d'un affrontement statique pour privilégier un mode opératoire dynamique qui leur a permis de freiner la progression Irakienne et limiter leurs propres pertes.

De fait, le prix à payer s'est avéré inférieur à ce à quoi s'attendaient les militaires. Le pouvoir Iranien n'en fait pas moins face à de nombreux défis, il doit combattre tous ceux qui luttent pour leur indépendance, il doit maintenir l'équilibre entre ses deux principales composantes, religieuse et laïque, et trouver une issue à la lutte de pouvoir qui oppose les membres radicaux du clergé au président Bani Sadr. Il lui faut gérer les rivalités croissantes entre les Pasdarans et l'armée régulière et prendre en charge le million de réfugiés qui a quitté la zone des combats et qui s'entasse depuis plusieurs mois aux abords des grandes villes, dans des conditions pathétiques. Il lui faut faire enfin face aux difficultés croissantes de la vie quotidienne, car la guerre, qui promet d'être longue, coûte cher et les ressources financières de la république islamique d'Iran sont d'autant limitées que la production pétrolière s'est effondrée. Contrairement au régime Irakien qui entend conduire sa guerre à crédit en s'appuyant sur l'assistance financière et la facilité de paiement consenties par les pays qui le soutiennent, le pouvoir Iranien ne peut compter que sur lui-même, car aucun pays fortuné ne se tient prêt à l'aider. Il lui faudra donc bricoler, économiser, placer et gérer soigneusement le fruit de la manne pétrolière, de manière à gérer sa guerre, sur le plan financier du moins. Fort heureusement pour Téhéran, le cours du baril reste élevé et lui assure une rente substantielle, même si le revenu pétrolier de l'Iran est inférieur à 50 % à celui de l'Irak. L'année suivante, cette tendance s'inversera au profit des Iraniens, après la remise en service d'une partie de leurs installations pétrolières. En attendant, Akbar Hashemi Rafsandjani, représentant du guide au Conseil Supérieur de défense et grand argentier du régime alloue avec parcimonie les fonds nécessaires à l'acquisition de matériel militaire, privilégiant ce dont les forces armées manquent le plus (munitions et des pièces de rechange).

Début janvier 1981, le pouvoir Iranien envisage la reconquête progressive des territoires annexés par l'armée Irakienne. De l'avis du chef d'état-major des armées, celle-ci ne saurait survenir avant le printemps, pour donner le temps aux forces armées de se réorganiser, de compléter leur effectif, de remettre en état de marche les matériels endommagés et capturés, d'améliorer la coordination entre les troupes régulières et les gardiens de la révolution, mais surtout pour attendre le retour de la saison sèche et du beau temps. A Téhéran, le clergé n'est pas de cet avis, il lui faut un premier succès rapide, même symbolique, pour faire taire la grogne populaire alimentée par la révolte qui gronde au Kurdistan et en Azerbaïdjan. Il ne peut se permettre d'attendre le printemps. L'ayatollah Beheshti, chef du conseil des gardiens de la révolution, soutenu par Akbar Hashemi Rafsandjani, président du parlement, et Ali Khamenei, commandant des Pasdarans, demandent au guide de trancher en leur faveur. Ils mettent en avant les rapports qui font état de l'extrême fatigue de l'armée Irakienne. Ils sont convaincus de gagner sur les deux tableaux, si cette première contre-offensive réussit, ils pourront revendiquer la paternité de ce succès. Si elle échoue, ce sera la faute de l'armée régulière et du clan laïc qui la soutient ! Khomeiny fait pression sur le président Bani Sadr pour que celui-ci se tienne prêt à lancer une action militaire d'envergure le plus vite possible.

L'échec de la première contre-offensive Iranienne

L'état-major planifie dans l'urgence l'opération Hoveyzeh, du nom de la bourgade visée par cette contre-offensive, à l'orée des marais marquant la frontière entre l'Iran et l'Irak, au Khouzistan. Il rassemble à la hâte les forces nécessaires pour conduire l'assaut qui sera lancé depuis Hamidieh. Pour disposer d'une masse suffisante de blindés, le général Fallahi ordonne la transformation de la 88ème brigade en une division blindée à part entière. Celle-ci absorbe les bataillons de la 92ème division, sérieusement affaiblie après les combats de l'automne, ce qui lui permet d'aligner 280 chars Chieftain. Cette nouvelle 88ème division blindée ne dispose cependant ni de troupes de reconnaissance, ni de bataillons mécanisés, ni d'artillerie. C'est elle qui est chargée de conduire l'assaut en direction de Hoveyzeh. Elle sera soutenue par la 55ème brigade parachutiste, qui lui apportera un soutien d'infanterie, tandis que la 16ème division blindée se tiendra en retrait, prête à exploiter la percée. Une fois Hoveyzeh reconquise, les Iraniens auront besoin d'un maximum de chars pour se ruer vers le sud en direction de Karoun, afin d'encercler les unités Irakienne éparpillés le long du fleuve et isoler la 5ème division mécanisée qui verrouille pour l'instant la ville d'Abadan. Ils espèrent ainsi contraindre cette division à retraverser le fleuve, afin de reprendre le contrôle de la route Ahwaz-Abadan. Pendant ce temps, les paras Iraniens prendront à revers les Irakiens qui continuent d'assiéger Susangerd. De leur côté, les 21ème et 77ème divisions mécanisés n'entreront en action que lorsque la route longeant le Karoun aura été dégagée, afin de briser le siège d'Abadan. En marge de cet effort principale, le commandement Iranien planifie deux autres actions, d'envergure plus limitée, sur le front central, afin d'user les défenses Irakiennes et reconquérir, là aussi, une partie du territoire perdu.

Le 5 janvier 1981, profitant d'un créneau de beau temps, l'état-major Iranien déclenche l'opération Hoveyzeh. D'emblée, celle-ci patine. Les Iraniens sont contraints de progresser lentement, le long des routes, pour limiter les risques d'embourbement dans les marécages qu'ils ont eu même créés en inondant deux mois plus tôt les terres arables situées entre le fleuve Karoun et la rivière Karkheh. Le froid et la boue jouent cette fois contre eux. Les trois brigades de la 88ème division blindée se retrouvent à la queue leu leu, suivie par la 55ème brigades parachutiste ; 16 hélicoptères Cobra assurent l'escorte de de cette immense colonne qui s'étale sur une quinzaine de kilomètres. C'est tout l'appui aérien dont disposent les Iraniens sur cette portion du front. En face, les Irakiens alignent leur 9ème division blindée. Celle-ci vient tout juste d'être renforcée par une brigade de chars T-62 détachée de la 3ème division qui campe à proximité de Khorramchahr. Ils peuvent compter sur 240 chars et une soixantaine d'autre véhicules blindés. La présence des hélicoptère Iraniens alerte les Irakiens, la colonne blindée est immédiatement repérée. Le général Duri qui commande la 9ème division, reçoit l'ordre de la stopper, il dépêche aussitôt sa première brigade de chars pour fixer l'adversaire le long d'une ligne comprise entre Jalalieh et Saïdeh, afin de le contraindre à manœuvrer sur un terrain boueux qui ne lui est pas favorable. Le 6 janvier en début d'après-midi, les adversaires sont au contact. La plus grande bataille de chars depuis la guerre de Kippour débute. Dès qu'ils aperçoivent l'avant-garde Iranienne, les tankistes Irakiens font mine de ralentir l'adversaire et lui signaler leurs positions.

Appliquant les ordres reçus, ils cèdent un kilomètre de terrain, puis se rétablissent sur une nouvelle ligne de défense tenue par le gros de leur brigade, à l'abri d'un talus créé en quelques heures par les sapeurs du génie. Croyant n'avoir affaire qu'à un détachement de reconnaissance, le commandant de la division blindée Iranienne ordonne à sa brigade de pointe de poursuivre les blindés Irakiens. Celle-ci se précipite tête baissée dans un piège, ses tankistes se heurtent en effet au tir de barrage des chars Irakiens soigneusement alignés derrière leur talus. En tentant de les contourner, nombre d'entre eux s'embourbent et deviennent des cibles faciles. Les autres sont cueillis par les chars des deux autres brigades Irakiennes qui ont rejoint, entretemps, le lieu des combats. Ces renforts se positionnent perpendiculairement à l'axe d'attaque des Iraniens, de manière à les prendre à revers.

Sans appui d'artillerie ni soutien d'infanterie, les chars Iraniens, attaqués de front et de flanc, sont impitoyablement décimés les uns après les autres. Les rares survivants s'échappent à la faveur de la nuit, en quelques heures, la 88ème divisions a perdu l'équivalant d'une brigade de chars complète. Son commandant, déterminé à percer le dispositif adverse, engage sa seconde brigade de chars dans la bataille. A l'aube du 7 octobre, celle-ci se lance dans un assaut furieux contre les positions ennemies. Elle est aussitôt prise pour cible par l'artillerie qui laboure la zone pour tenter de canaliser les chars Iraniens en direction de la nasse formée par les trois brigades blindées Irakiennes. Les équipages de Chieftain, survoltés, parviennent néanmoins à manœuvrer et engager les T-55 et T-62 dans un combat de chars qui se termine bien souvent à bout portant. Pendant toute la journée, les chars Irakiens et Iraniens se poursuivent dans un gymkhana infernal au cours duquel ils slaloment entre les carcasses des chars embourbés stoppant brutalement pour tirer une volée d'obus contre un char à l'affût, mitraillant indistinctement les équipages qui tentent désespérément de rejoindre leurs lignes, dans le froid, après avoir abandonné leur véhicule endommagé ou détruit, de la boue souvent jusqu'aux genoux.

Pour ajouter au chaos ambiant, les Cobra Iraniens et les Gazelle Irakiennes font rugir leurs turbines au-dessus du champ de bataille tirant leurs missiles un peu au hasard. L'engagement cesse à la tombée de la nuit, après que chacun des deux camps à perdu l'équivalent de trois bataillons de chars. Au lieu de se retirer prudemment pour reconstituer ses forces et sauver ce qu'il peut encore être sauver, le commandant de la 88ème division s'entête et décide d'engager sa dernière brigade, persuadé que les Irakiens sont sur le point de lâcher prise. Le 8 janvier au matin les tankistes Iraniens repartent une troisième fois à l'assaut, sans plus de succès que la veille, ils parviennent à limiter les dégâts, dans l'après-midi, le reste de la 88ème division blindée n'a plus d'autre choix que de se replier. La défaite est sévère pour les Iraniens qui ont perdu 214 Chieftain et 8 hélicoptères Cobra, contre une centaine de T-55 et T-62 côté Irakiens. Les parachutistes de la 55ème ont changé leur fusil d'épaule, puisqu'ils n'ont pas pu prendre à revers la garnison de Susangerd, ils rebroussent chemin et vont prêter main-forte aux Pasdarans assiégé dans cette ville en passant par le nord, par une route secondaire partant de Hamidieh. Celle-ci, mal entretenue, longe les dunes sur la berge opposée de la rivière Karkheh, offrant un champ de tir idéal aux pilotes Irakiens. C'est la raison pour laquelle le convoi de camions qui transporte la brigade effectue le trajet de nuit.

Le 10 janvier, les paras se retrouvent en première ligne pour défendre Susangerd, soulageant ainsi les gardiens de la révolution assiégés sans relâche depuis trois mois, leurs missiles antichars, leurs missiles Sam-7 et leurs mortiers vont les aider à tenir les Irakiens à distance. Les Iraniens connaissent davantage de succès dans la partie centrale du front. Dans la nuit du 5 au 6 janvier 1981, les chasseurs alpins de la 15e brigade d'infanterie de montagne s'infiltrent à travers les lignes Irakiennes autour de Geilan Zarb, dans le secteur de Qasr-e-Shirin. Ils s'emparent par surprise de plusieurs collines, encerclent la bourgade et culbutent les défenses chargées d'en interdire l'accès. Quelques heures plus tard, les 450 fantassins Irakiens retranchés à l'intérieur de Geilan Zarb se rendent. Ils sont immédiatement envoyés à Téhéran pour y être présentés aux médias, à des fins de propagande, entre-temps, les Irakiens ont contre-attaqué. Le 7 janvier deux brigades de la 8e division d'infanterie, appuyés par une brigade de chars, sont reparties à l'assaut de Geilan Zarb et ont reconquis cette localité, à l'issue de violents combats qui ont fait 400 morts dans les deux camps.

Les Iraniens ont abandonné la position, mais se sont réfugiés sur les hauteurs voisines, isolant partiellement Geilan Zarb. Un peu plus au sud dans le secteur de Mehran, les grenadiers voltigeurs de la 81e division blindée se sont emparés d'Arkavaz. Les soldats Irakiens, mal équipés pour affronter les rigueurs de l'hiver en altitude, ne leur ont opposé qu'une résistance symbolique, préférant prendre la poudre d'escampette. Leur commandant sera traduit en conseil de guerre et exécuté. Ces succès locaux ne peuvent masquer le fait que l'opération Hoveyzeh a pitoyablement échoué. Ahwaz reste sous le feu de l'artillerie Irakienne et Abadan est toujours assiégé. L'échec de cette première contre-offensive a deux conséquences majeures, l'une politique, l'autre militaire. Le clergé voit là l'occasion de se débarrasser du président, ouvertement accusé d'incompétence, et des laïcs qui s'opposent encore à l'instauration d'un véritable régime théocratique en Iran. Les critiques qui fusent à l'encontre de Bani Sadr épargnent paradoxalement le haut commandement militaire dont le clergé craint toujours un possible coup de force. Les Pasdarans ont beau être montés en puissance, ils ne sont pas encore de taille à s'opposer à l'armée régulière. Sur le plan militaire, l'échec de l'opération Hoveyzeh entraîne le report de l'offensive de printemps. La plupart des moyens qui auraient participé ont en effet été sacrifiés dans cette opération bâclée. L'état-major Iranien n'est de ce fait plus en mesure de monter une offensive majeure avant l'été. Il profite de ce répit pour réorganiser son corps de bataille. Les Chieftain encore en état de combattre sont répartis entre les 81e et 92e division. La 16e division blindée regroupe pour sa part tous les chars M-60. La 88e division blindée, virtuellement anéantie lors de la contre-offensive de janvier, est reconstituée avec les chars T-55 livrés par la Libye et la Bulgarie.

De son côté, la 84e brigade est transformée en une division mécanisée dans laquelle sont regroupés tous les matériels d'origine Soviétique capturés sur l'armée Irakienne. La 37e brigade blindée, décimée dans les combats de Khorramchahr et d'Abadan, n'est pas ressuscitée et disparaît de l'ordre de bataille Iranien. De leur côté, les gardiens de la révolution, qui comptent désormais 140 000 hommes dans leurs rangs, conservent leur articulation en bataillons autonomes. Ils créent parallèlement trois grandes divisions d'infanterie dont la division d'élite « Rasulollah » (Messager de Dieu), qui forment leur propre corps de bataille.

Celui-ci sera systématiquement engagé au côté de l'armée régulière lors de chaque offensive, car le Conseil Supérieur de défense, dominé par le clergé, a décrété après la gifle subie par l'armée régulière, que les Pasdarans seraient désormais associés à toutes les opérations militaires planifiées par l'état-major. Ni le président Bani Sadr ni son ministre de la défense n'ont pu s'y opposer. Le commandement des gardiens de la révolution met également en place plusieurs brigades d'infanterie qui seront plus tard transformés en divisions, en fonction des besoins et des effectifs disponibles, et qui constitueront un réservoir de troupes de choc pour le régime.

Nouveau front au Kurdistan

Mi-janvier, le pouvoir Irakien souhaite reprendre l'initiative des opérations. Sachant qu'il ne pourra ni percer au Khouzistan ni progresser dans les secteurs de Qasr-e-Shirin et Mehran, il décide d'ouvrir un nouveau front au Kurdistan, pour contraindre les Iraniens à y acheminer des renforts et soulager la pression sur les autres fronts. Dès la fin de l'année 1980, anticipant une possible offensive Iranienne en direction du Kurdistan, Bagdad avait ordonné au général Amin commandant le 1er corps, de prendre ses dispositions pour verrouiller la région et s'assurer des cols par lesquels auraient pu s'infiltrer les 64ème et 28ème division Iraniennes, cantonnées respectivement à Sanandaj et Mahabad. Le 24 décembre 1980, la 4ème division d'infanterie avait traversé la frontière et s'était emparée d'une poche lui permettant de contrôler le col de Rachah, afin de bloquer toute action Iranienne en direction de Souleimanieh. Elle n'avait pas poursuivi vers Marivan, la ville étant défendue par une imposante garnison.

La 11ème division d'infanterie de montagne, éparpillée le long de la frontière, avait pendant ce temps dépêché l'une de ses brigades à Halabja, afin de protéger le barrage de Derband Khan alimentant Bagdad en électricité. Un autre de ses bataillons s'était déployé dans le secteur de Mawat pour s'assurer du barrage de Doukan alimentant en électricité la ville pétrolière de Kirkouk. Une autre de ses brigades avait occupé le col de Rayat pour en interdire l'accès aux Iraniens. De son côté, la 7ème division d'infanterie s'était concentrée sur la défense du secteur de Kirkouk. Le 15 janvier 1981, la brigade d'infanterie déployée près de Halabja franchit le col enneigé marquant la frontière avec l'Iran et s'empare en quelques jours de la vallée encaissée de Nossoud. Les Irakiens disposent désormais de deux têtes de pont au Kurdistan Iranien. Là encore, leur but n'est pas de lancer une offensive de grande envergure pour s'emparer de villes Iraniennes, mais de s'assurer des positions qui leur permettront de défendre plus facilement leur territoire. Cela devrait être d'autant plus aisé que le relief tourmenté des monts Gharbi qui s'étendent le long de la frontière avantage le défenseur. Les Irakiens comptent également sur un autre atout pour empêcher les Iraniens de pénétrer chez eux ; le PDKI d'Abdul Rahman Ghassemlou qui contrôle cette zone montagneuse, difficile d'accès, n'a rien à refuser au régime Irakien qui l'arme et le soutient financièrement. Bagdad craint davantage le PDK soutenu par Téhéran, qui reste très actif dans la partie la plus septentrionale du Kurdistan, même les frères Barzani sont pour l'instant réfugié en Iran, attendant le moment propice pour retourner en Irak.

Le pouvoir Irakien s'estime en revanche en meilleur posture dans la région de Kirkouk dominée par l'UPK. L'entente conclue avec Jalal Talabani paraît toujours solide. Saddam Hussein en profite pour proposer à Abdul Rahman Ghassemlou d'établir son quartier général à Nossoud, dans l'enclave Iranienne contrôlée par l'armée Irakienne. Cette vallée, reliée à Bagdad par des routes sûres, deviendra ainsi le bastion du PDKI. Les rigueurs de l'hiver empêchent le régime Iranien de contre-attaquer, la région est sous la neige et les conditions climatiques très rudes ne sont pas propices aux opérations militaires. Les Peshmergas du PDKI en profitent pour se renforcer, grâce aux livraisons d'armes Irakiennes. Ils étendent leur mainmise en direction des villes du Kurdistan tenues pour l'instant par les autorités gouvernementales. Ils attendent patiemment la fonte des neiges et l'arrivée du printemps pour passer à l'action. De leur côté, l'armée et les gardiens de la révolution sont occupés à réprimer une nouvelle révolte dans la province d'Azerbaïdjan. En février, le Peykar et les Moudjahidin du peuple ont soulevé la population de Tabriz et des villes voisines, menaçant la base aérienne abritant la 2ème escadre de chasse. Le conseil supérieur de défense a dû dépêcher sur place d'importants renforts, dont deux brigades de la 28ème division mécanisée qui ne dispose plus qu'une d'une seule brigade pour tenir la région de Mahabad, considérée comme la (capitale) du Kurdistan Iranien. C'est une aubaine pour les Peshmergas qui affûtent leurs armes en vue des opérations à venir.

La première semaine d'avril 1981, alors que les dernières neiges fondent, la résistance kurde, dirigée par Abdul Rahman Ghassemlou, déclenche l'insurrection générale. En additionnant les effectifs de toutes les factions, elle aligne près de 40 000 combattants. En face, les autorités Iraniennes ne disposent que de 4 brigades de l'armée régulière et une douzaine de bataillons de Pasdarans, soit 20 000 hommes au total. Les Feddayin du peuple, alliés aux activistes du Komala, font irruption dans les principales villes. Ils désarment un certain nombre de Pasdarans qui s'étaient enrôlés pour combattre les Irakiens. C'est le cas à Piranchahr, une bourgade stratégique qui garde l'accès de l'une des rares routes menant au Kurdistan Irakien. De leur côté, les Peshmergas du PDKI prennent le contrôle des axes routiers et foncent vers les villes pour porter assistance à leurs camarades engagés dans de violents combats contre les éléments restés fidèles au régime. L'armée Irakienne ne participe pas directement à l'insurrection, mais continue d'alimenter les combattants en munitions.

En six semaines, les Kurdes s'emparent d'Ouroumieh, de Naqadeh, de Mahabad, de Boukan et de Saqqez, capturant au passage un certain nombre de chars, de pièces d'artillerie et d'armes lourdes qui viennent renforcer leur arsenal. Seules les deux villes de Marivan et Sanandaj résistent à leurs assauts. Fin mai, Abdul Rahman Ghassemlou décide de faire porter son effort sur Sanandaj, espérant que la chute de cette ville convaincra la garnison de Marivan de se rendre. Ses troupes, qui ont encerclé la ville, se lancent dans une série d'assauts meurtriers progressant lentement, quartier par quartier. Les défenseurs Iraniens font preuves du même mordant qu'à Khorramchahr. Ils résistent pendant un mois avant de se rendre, à court de munitions. La bataille de Sanandaj fera un millier de morts dans les rangs gouvernementaux et près de 2 000 dans ceux de la rébellion Kurde. Fin juin 1981, Abdul Rahman Ghassemlou pourra s'enorgueillir d'avoir libérer la quasi-totalité de Kurdistan Iranien, à l'exception de la ville de Marivan qui, bien qu'isolé, refusera de se rendre. Les Peshmergas, épuisés, n'auront plus les moyens de s'en emparer. De leur côté, les autorités Iraniennes ne sont pas en mesure de reprendre le contrôle de cette région insurgée.

A Téhéran, le président Bani Sadr, totalement marginalisé, tente désespérément de colmater les brèches de son navire qui prend l'eau de toutes parts. Il lui faut combattre en même temps les révoltes en Azerbaïdjan et au Kurdistan, contenir les Irakiens le long du front et se justifier face aux attaques de plus en plus dures de tous ceux qui souhaitent sa chute. Il ne dispose plus de suffisamment de troupes pour mater la rébellion Kurde. Ses deux priorités immédiates consistent à reprendre le contrôle de la province d'Azerbaïdjan et éviter que les grandes villes qui le soutiennent politiquement ne basculent dans la contestation armée. Même le front Irakien devient secondaire. Pressé par le guide de reprendre les choses en main, Abolhassan Bani Sadr se rapproche de Massoud Radjavi, le chef des Moudjahidin du peuple, très influent parmi les classes moyennes urbaines. Ses adversaires en profitent pour stigmatiser cette alliance contre nature et critiquer le président, espérant secrètement que le pourrissement de la situation précipitera sa chute. Les Irakiens profitent de la faiblesse ponctuelle des Iraniens pour tenter de réduire, une nouvelle fois, le saillant de Susangerd. Leurs tentatives sont toutes repoussées sans ménagement. Tirant les leçons de cet échec, le commandement Irakien revient à sa stratégie de harcèlement et réorganise son dispositif. Il crée un 4e corps d'armée chargé de tenir le secteur situé entre Dehloran et Susangerd, dont le quartier général est basé à Amara.

Son commandement est confié au général Fakhri, qui s'est distingué pendant la première phase de la guerre. Au nord, le 1er corps d'armée conserve la responsabilité du Kurdistan, tandis que le 2ème corps se concentre sur la défense du secteur compris entre Qasr-e-Shirin et Mehran. C'est lui qui a la lourde responsabilité de protéger Bagdad. Au sud, le 3ème corps continue d'occuper la partie méridionale du Khouzistan. Parallèlement l'état-major ordonne la création de trois nouvelles divisions d'infanterie (14e, 15e et 16e, les Irakien, superstitieux, n'ayant pas souhaité créer la 13e division) et de trois brigades d'instruction chargées de former rapidement les nouvelles créées. Il met également sur pied 20 brigades de gardes-frontières chargées de surveiller les frontières Turque, Syrienne, Jordanienne, Saoudienne et Koweïtienne, les unités régulières ayant toutes été envoyées sur le front. L'Irak aligne donc 15 divisions face à 12 mobilisées par l'Iran (9 pour l'armée régulière, 3 pour les Pasdarans).

Les Irakiens réorganisent également leur défense antiaérienne, ils regroupent autour de Bagdad les batteries de missiles sol-air Crotale et Roland fraîchement livrées par la France, mais aussi les unités mobiles de Sam-9 qui protégeaient jusque-là leurs divisions blindées. Ces moyens performants, très complémentaires les uns des autres, leur permettent de créer une bulle protectrice beaucoup plus efficace au-dessus de la capitale Irakienne. Car Saddam l'a décrété, plus aucun bombardier ne doit venir troubler la vie quotidienne des habitants de Bagdad ! Les Sam-6 sont quant à eux regroupés autour des sites stratégiques, des ponts et des aérodromes. Les Sam-2 et Sam-3, considérés comme obsolètes, ne font guère que de la figuration. Les Irakiens ne comptent plus vraiment sur eux pour repousser l'aviation Iranienne. Pour défendre les unités terrestres déployées le long du front, l'état-major Irakien mise en revanche sur ses systèmes mobiles ZSU-23-4 Shilka qui ont fait leurs preuves pendant la première phase de la guerre, sur les missiles portatifs Sam-7 qui lui sont fournis par les pays communistes et sur les canons antiaériens S-60 de 57 mm guidés par radar qu'il acquiert en Hongrie. Il compte surtout sur l'aviation de chasse qui reçoit en février 1981 ses premiers Mirage F-1EQ achetés six ans plus tôt en France.

Ces appareils, affectés au 79ᵉ escadron, seront déployés sur la gigantesque base Saddam dont les techniciens Français viennent tout juste d'achever la construction au nord du pays, à proximité de Mossoul. L'arrivé de cet intercepteur moderne armé de missiles air-air Super-530, représente un bond en avant technologique et change la donne opérationnelle. Grâce à ce missile à guidage radar, les pilotes de Mirage Irakiens peuvent engager l'adversaire de face ou de flanc, par-dessus ou par-dessous, sans avoir à l'approcher à l'arrière, comme cela était nécessaire avec les missiles infrarouges d'ancienne génération. Les pilotes Irakiens peuvent désormais faire jeu égal avec les Phantom Iraniens. Seuls les meilleurs d'entre eux sont autorisés à voler sur Mirage après un stage de transformation en France. Ils témoigneront plus tard de leur plaisir à se retrouver aux commandes de cet appareil confortable et bien armée, plus agréable à piloter que les rustiques chasseurs Soviétiques qui équipent les autres escadrons.

Coup dur pour Bagdad

Pour accroître la pression sur Bagdad, Téhéran décide de réduire la capacité d'exportation pétrolière de l'Irak. Ses attaques ponctuelles contre l'infrastructure pétrolière ne suffisent pas à porter un coup décisif à l'économie Irakienne, déjà très affectée par la destruction des terminaux off-shore de Mina al-Bakr et Kohr al-Amaya. Quant à bombarder l'oléoduc Kirkouk-Dortyol qui permet à Saddam d'évacuer une partie de son pétrole vers l'occident, c'est hors de question car une telle action serait assimilée à un casus belli par la Turquie que l'Iran n'a pas d'autre choix que de ménager. Reste l'option Syrienne, dès les premières semaines de 1982, les autorités Iraniennes multiplient les démarches auprès du président Assad pour le convaincre de fermer l'oléoduc Kirkouk-Baniyas qui permet à l'Irak d'évacuer quotidiennement, via la Syrie jusqu'à 550 000 barils, soit la moitié du pétrole extrait du nord de l'Irak. Le président Syrien fait aussitôt valoir la perte substantielle de revenus qu'entraînerait la fermeture de cet oléoduc, car Damas prélève une partie de ce pétrole pour ses propres besoins et touches des royalties sur l'autre partie. Les Iraniens se disent prêts à compenser largement ce manque à gagner en concluant un accord généreux d'approvisionnement pétrolier avec la Syrie. La négociation s'engage rapidement, mi-mars, les deux parties trouvent un terrain d'entente.

L'Iran s'engage à livrer annuellement à la Syrie près de 9 millions de tonnes de pétrole, dont 80 % à prix très préférentiel et 20 % à titre gratuit. Téhéran s'engage de surcroît à acheter une quantité importante de produits Syriens que Damas a du mal à écouler. Cet accord représente un bénéfice net d'environ un milliard de dollars par an pour la Syrie, soit autant que ce qu'elle perçoit gratuitement de l'Arabie Saoudite dans le cadre de sa lutte contre Israël. Pour justifier sa décision, celui-ci suscite des incidents à la frontière Syro-Irakienne. Des chasseurs Syriens violent à plusieurs reprises l'espace aérien Irakien. L'un d'entre eux est abattu par un MIG-23 Irakien. Irrité par ces provocations, Saddam Hussein hausse le ton et se fait menaçant. Le 8 avril 1982, Hafez el-Assad ferme l'oléoduc Kirkouk-Baniyas, comme il s'y était engagé auprès des Iraniens. Il verrouille sa frontière avec l'Irak, afin d'empêcher le trafic routier entre les deux pays.

Le coup est rude pour le régime Irakien qui perd brutalement un débouché crucial pour son pétrole, et par là même une partie significative de ses revenus. Fort heureusement, le prix du baril reste encore élevé, ce qui lui assure un revenu conséquent qui ne suffit toutefois pas à couvrir son effort de guerre. Inutile d'espérer lancer la moindre offensive d'envergure, tant que les finances ne seront rétablies. Dès le 9 avril, Saddam Hussein, furieux, dépose une plainte devant la cour d'arbitrage de l'OPEP et ordonne une série de mesures pour limiter les dégâts. Des contacts sont immédiatement pris avec la Turquie pour augmenter la capacité de l'oléoduc Kirkouk-Dortyol et entamer la construction d'un nouvel oléoduc parallèle d'une capacité de 400 000 barils par jour. Le gouvernement Turc répond favorablement, voyant là un bon moyen d'améliorer ses finances et son économie déficiente. Les travaux de construction débuteront dès le début de l'été et s'achèveront deux ans plus tard. Dans l'intervalle, l'oléoduc initial sera exploité à sa capacité maximale de 650 000 barils par jours et une noria de camions citerne sera mise en place le long de la route reliant Kirkouk au terminal Turc de Dortyol. Ce sont ainsi 25 000 barils supplémentaires qui transiteront quotidiennement par la Turquie. L'état-major Irakien devra néanmoins affecter plus de 30 000 hommes à la protection de cet axe vital qui lui feront défaut sur le reste de front.

Parallèlement, les Irakiens misent sur la carte Jordanienne, ils doublent le nombre de camions citernes effectuant la navette entre Kirkouk, Bagdad et le port d'Aquaba sur la mer Rouge, ce qui leur permet de faire transiter 25 000 barils de pétrole par cette route, portant ainsi leur capacité totale d'exportation à 700 000 barils par jour. C'est toujours insuffisant comparé aux 5 millions de barils que l'Irak pouvait exporter avant-guerre. Les autorités Irakiennes proposent donc aux gouvernement Jordanien la construction d'un oléoduc entre Kirkouk et Aquaba dont Bagdad supporterait seul le financement. L'offre est alléchante pour le roi Hussein qui doit cependant consulter ses alliés avant d'y répondre. Les Saoudiens ne sont pas enchantés, mais ne peuvent décemment pas s'y opposer. Les Américains, initialement favorables à ce projet qui renforce leur alliés Jordanien et facilite un éventuel rapprochement avec le régime Irakien, sont toutefois contraints d'y mettre leur veto après que les Israéliens, alertés du projet, s'y sont montrés hostiles et ont menacé d'attaquer l'oléoduc si celui-ci était construit. En dernier ressort, Saddam Hussein se voit contraint de solliciter une nouvelle fois l'assistance de l'Arabie Saoudite, un bon moyen pour lui de s'allier les bonnes grâces du roi Fahd qui vient tout juste de succéder à Khaled. Le nouveau souverain Saoudien, beaucoup plus ouvert que son prédécesseur, voit là l'occasion de renforcer son emprise sur l'Irak. Il accepte d'aider Saddam. Il est en outre encouragé par le changement d'attitude des Etats-Unis qui ne semblent plus hostiles à l'Irak.

Le roi Fahd propose donc au président Irakien de construire rapidement un tronçon d'oléoduc reliant les gisements pétroliers du sud de l'Irak à la gigantesque pétroline Saoudienne qui permet l'évacuation de quantités impressionnantes de pétrole vers le terminal de Dhahran, à l'intérieur des eaux du Golfe, mais surtout en direction du port de Yanbu', sur la mer Rouge. Les travaux débuteront quelques mois plus tard. Une première section, inaugurée à l'automne 1985, permettra l'évacuation quotidienne de 500 000 barils de pétrole Irakien. En attendant, le (gardien des deux saintes mosquées), continue d'exploiter, au profit exclusif de l'Irak, les 300 000 barils extraits quotidiennement des puits de pétrole de la zone neutre. Il organise également le transport maritime des quelques dizaines de milliers de barils que l'industrie Irakienne parvient à envoyer, par voie routière, dans les ports Saoudiens et Koweïtiens.

Il augmente enfin le volume des prêts bancaires consentis à Bagdad. Le régime Irakiens peut donc théoriquement exporter un peu plus de 1 millions de barils par jour, en attendant l'entrée en service des oléoducs Turc et Saoudiens. Il n'y parvient cependant pas, car sa production est en chute libre est une part croissante de celle-ci est absorbée par la guerre. Pendant ce temps, l'Iran parvient à extraire un peu plus de 2 millions de barils par jour, soit le double de la production Irakienne, et à en exporter les quatre cinquièmes. Ses caisses se remplissent, ce qui permet à Téhéran d'accélérer le rythme de ses opérations militaires, car depuis le retour du printemps, ses forces armées ont repris le combat pour libérer les territoires occupés par l'adversaire.

Une victoire encourageante pour les Iraniens

Dès la fin de l'hiver, les généraux Nedjad, chef d'état-major des armées, et Chirazi, commandant de l'armée de terre, se sont interrogés sur la meilleur stratégie à adopter. A part les petites poches de Rachah et Nossoud, au Kurdistan, trois secteurs frontaliers demeurent encore sous contrôle Irakien. Le premier s'étend de Qasr-e-Shirin à Mehran, au nord du dispositif ; le second est centré autour de Fakkeh, face à Suse et Dezfoul ; le troisième englobe le Sud-Khouzistan, de Hoveizeh à Khorramchahr. Le premier ne s'impose pas comme prioritaire, les Irakiens ne menaçant aucun objectif essentiel dans cette zone montagneuse défendue par les troupes solidement retranchées au niveau des cols. Le troisième est symboliquement le plus important mais pas le plus urgent à reconquérir sur le plan de la logique militaire. C'est donc dans le secteur de Suse que les stratèges Iraniens décident de faire porter leur effort. Ce choix paraît logique à maints égards, en attaquant le centre du dispositif adverse, les Iraniens se mettent en situation de menacer son centre de gravité situé à Amara, sur la route principale Bagdad-Bassora. Ils fragmenteront ainsi l'armée Irakienne en plusieurs blocs. En s'établissant puissamment au centre du dispositif, ils pourront ensuite basculer leurs forces sur une aile ou l'autre en fonction des impératifs du moment. De leur côté, les Irakiens auront beaucoup plus de difficultés à faire de même. Le pouvoir Iranien entend aussi reprendre le plus rapidement possible le contrôle des installations pétrolières situées dans ce secteur. Depuis plus d'un an, ce sont les Irakiens qui pompent l'or noir jaillissant des champs pétrolifères de Dehloran, Musiyan et Fakkeh, alimentant ainsi les caisses de Bagdad.

Pour cette grande offensive qu'il baptise Fath (victoire), l'état-major Iranien a mobilisé 120 000 hommes, 4 divisions de l'armée régulière (21e, 77e, 84e, et 92e), 4 divisions de Pasdarans (1er, 3e, 5e et 7e), 3 brigades d'artillerie 1 brigade d'hélicoptères et la 55e brigade parachutiste. Il a massé au plus près de la ligne de front d'importants moyens antiaériens, afin de repousser l'aviation Irakienne. En face, les généraux Irakiens ne disposent que de 40 000 hommes, mais de plusieurs centaines de blindés. Ils misent toujours sur leurs chars pour stopper les fantassins, leurs 1er division mécanisée et 10e division blindée sont ainsi fermement retranchées en première ligne, prêtes à encaisser le choc de l'assaut. Les 7e, 11e, 14e et 16e divisions d'infanterie constituent une seconde ligne de défense, à proximité de la frontière.

La 32ᵉ brigades de commandos est pour sa part retranchée devant Bostan. Bagdad compte en fait sur son aviation pour endiguer une éventuelle percée Iranienne dans ce secteur tenue par le 4ᵉ corps. Le 17 mars 1982, les Iraniens lancent l'opération Fatimah en direction de Hoveyzeh et de Hamid. Il s'agit d'une attaque de diversion destinée à leurrer l'adversaire sur leurs intentions réelles. Le stratagème fonctionne, puisque l'état-major Irakien ordonne à la 14ᵉ division de quitter l'axe Amara-Fakkeh pour se porter le plus vite possible vers Hoveyzeh. Dans la nuit du 21 au 22 mars, les généraux Nedjad et Chirazi déclenchent leur offensive générale en direction de Fakkeh. Des hélicoptères Chinook transportent une partie de la 55ᵉ brigade parachutiste sur les arrières de l'ennemi. Plusieurs détachements de paras attaquent par surprises les positions d'artillerie situées à une dizaine de kilomètres en retrait de la ligne de front. Les canonniers Irakiens, surpris de voir surgir dans leur dos des combattants Iraniens armés jusqu'aux dents, sont réduits au silence. Les assaillants détruisent une quarantaine d'obusiers de 130 mm, capturent six officiers et rembarquent dans leurs hélicoptères pour rejoindre leurs lignes.

Parallèlement, un bataillon de la 55ᵉ brigade parachutiste est héliporté près d'Ein Khosh et s'empare, sans coup férir, de cette localité située à l'entrée de gorges contrôlant la partie nord du champ de bataille, isolant du même coup la 1ᵉʳᵉ division mécanisée. Pendant ce temps, trois divisions de Pasdaran déployées devant Suse et Naderi sa lancent à l'attaque des premières lignes Irakiennes pour fixer l'adversaire et l'empêcher de manœuvrer. Les vagues d'assaut se succèdent à un rythme effréné. Chaque fois, les fantassins Iraniens se rapprochent davantage des remblais et entament les défenses Irakienne. Entre deux attaques, l'artillerie Iranienne pilonne la ligne de défense, l'artillerie Irakienne, en partie muselée, est incapable de riposter efficacement. Pendant 48 heures, des vagues humaines viennent se briser au pied des défenses Irakiennes qui commencent à chanceler et manquer de munitions. Pour la première fois de la guerre, plusieurs milliers de jeunes combattants du Bassidj sont engagés au côté des Pasdarans. Akbar Hashemi Rafsandjani s'est déplacé depuis Téhéran pour galvaniser les troupes, les absolvant d'emblée de tous leurs péchés, promettant à ceux qui viendrait à mourir en martyr aura l'accès immédiat au paradis. Il a lu sur le front des troupes un message de Khomeiny les exhortant à combattre jusqu'à leur dernier souffle pour la plus grande gloire de Dieu, de la révolution islamique et de la nation. Fanatisés, les fantassins Iraniens remontent inlassablement à l'assaut, sans se préoccuper de leurs pertes. Pour contraindre les blindés Irakiens à tenir leurs positions, plusieurs bataillons de chars de la 92ᵉ division sont engagés en appui des Pasdarans.

Dans la nuit du 23 au 24 mars, les généraux Iraniens déclenchent la deuxième phase de leur offensive. Leurs 21ᵉ et 77ᵉ divisions mécanisées s'infiltrent à travers les lignes ennemies, le long de pistes cailloutuses défoncées qui maltraitent les trains de roulement et les essieux des blindés. Les Irakiens, croyant leur adversaire incapable de progresser à travers un terrain aussi accidenté, s'étaient contentés de le miner, sans l'occuper. Près d'une centaine de véhicules Iraniens tombent en panne, mais un nombre suffisant de blindés parviennent à envelopper les 1ᵉʳ et 10ᵉᵐᵉ divisions Irakienne par une manœuvre de débordement des plus classiques.

Pendant ce temps, deux brigades de gardiens de la révolution, déployées au nord du dispositif, progressent péniblement à pied à travers un paysage quasi lunaire, alternant dunes et crêtes rocheuses infranchissables censées protéger le flanc gauche de la 1ère division mécanisée. A l'aube, les Pasdarans déboulent sur les arrières de cette division, prenant ses défenseurs à revers. Plus au sud, la situation évolue rapidement, dès qu'ils repèrent les colonnes mécanisées Iraniennes, grâce aux immenses nuages de poussière qu'elles soulèvent, les tankistes de la 10e division blindée appellent l'aviation à la rescousse, puisqu'eux-mêmes sont occupés à repousser les attaques frontales des Pasdarans. Très vite, une vingtaine de Sukhoï et MIG surgissent au-dessus du champ de bataille et mitraillent les colonnes Iraniennes. Leurs coups portent, mais ils sont violemment pris à parti par des batteries de missiles Hawk déployées à proximité ; 2 patrouilles de Phantom et de Tomcat, maintenues en réserve, sont immédiatement dépêchées sur place. En quelques minutes, 6 chasseurs Irakiens sont abattus et 6 autres endommagés. De leur côté, les pilotes de Mirage F-1 abattent 3 Phantom. Le 25 mars, les Iraniens ont contourné les retranchement Irakiens, les bataillons de grenadiers voltigeurs contre-attaquent pour tenter de repousser l'assaillant.

Ils sont rapidement submergés, menacés d'encerclement, les commandants des deux divisions Irakiennes demandent l'autorisation de se replier. Cette autorisation est différée le temps que l'état-major rejoigne Amara pour se rendre compte par lui-même de la gravité de la situation. Les Iraniens en profitent pour encercler et tronçonner le dispositif adverse, la brigade de pointe de la 77e division fait sa jonction avec l'une des deux brigades de Pasdarans qui s'est établie sur les arrières de la 1ère division Irakienne. De leur côté, deux autres brigades Iraniennes convergent vers Chezaneh, prenant en tenaille ce carrefour névralgique. Le 26 mars à l'aube, les commandants des deux divisions Irakiennes sonnent la retraite, leur décision survient au moment même où les deux divisions mécanisées Iraniennes engagent le combat. Pendant toute la journée, une bataille de chars apocalyptique se développe autour de Chezaneh. Les Chieftain et les T-59 Iraniens poursuivent les T-55 et T-62 Irakiens qui tentent de s'ouvrir un passage vers le défilé contrôlant la route menant à Fakkeh. Ils écrasent sur leur passage les fantassins qui tentent de les stopper. Quelques bataillons mécanisés parviennent à se frayer un chemin à travers le dispositif Iranien. Tous les autres sont anéantis, à la tombée de la nuit, la 1ère division mécanisée est détruite, le général Dakhil Ali Hilali, son commandant, préfère se rendre, pour ne pas affronter la colère de Saddam. La 10e division blindée a perdu la totalité de son artillerie et les deux tiers de ses blindés, mais elle a pu sauver une brigade qui parviendra péniblement à rejoindre Fakkeh, le lendemain. La 3e division blindée, arrivée en renfort, et consolide la ligne de défense.

Le 27 mars, profitant de la confusion régnant dans les rangs Irakiens, le commandant Iranien engage la troisième phase de son offensive qu'il a entre-temps, emporté par son enthousiasme, rebaptisée Fath al-mobîn (victoire évidente). La 3e division de Pasdarans, épaulée par une brigade blindée quitte le secteur de Bostan, contourne la 32e brigade et se tue en direction de Fakkeh. Elle espère s'emparer de ce carrefour stratégique qui commande la route d'Amara, au bord du Tigre, et couper la retraite des unités qui refluent en désordre le long de cette même route, depuis Chezaneh. Elle se heurte rapidement à deux brigades d'infanterie qui tentent désespérément de freiner son avance. Les fantassins Irakiens mènent un courageux combat retardateur qui permet aux survivant de la 10e division blindée d'atteindre Fakkeh les premiers et de s'y retrancher.

Ils paient néanmoins le prix fort et son contraints de céder du terrain, après avoir perdu deux de leurs brigades. Devant la tournure prise par les évènements, le président Irakien autorise les unités du 4ᵉ corps à se replier pour sauver ce qu'elles peuvent encore sauver. Le 29 mars, les troupes Irakiennes se rétablissent à une dizaine de kilomètres en avant de la frontière, utilisant au mieux le terrain pour reconstituer une ligne de défense cohérente. De leur côté, les Iraniens, bien décidés à exploiter leur avantage, ont regroupé plusieurs brigades blindées à Chazeneh et les ont lancées à l'assaut de Fakkeh. Emporté par leur élan, ils commettent une erreur de taille, leurs chars dévalent la plaine caillouteuse et aride qui descend en pente douce jusqu'à la frontière Irakienne, sans s'apercevoir qu'ils sont sortis de la zone de protection couverte par les batteries de missiles Hawk déployées à proximité de Suse. L'état-major Irakien saisit sa chance et lance immédiatement son aviation à l'assaut des colonnes blindées. Pendant 36 heures, les chasseurs Irakiens se succèdent au-dessus de cette vaste plaine pour freiner la percée Iranienne. Ils détruisent une centaine de chars, forçant les Iraniens à se replier.

Saddam Hussein en tire une leçon essentielle : utilisée à bon escient, l'aviation est capable d'enrayer une percée adverse. Il convient donc de l'économiser et de ne l'utiliser qu'avec parcimonie. A compter de ce jour, il ordonne que les missions d'appui-feu au profit des unités terrestres soient confiées prioritairement aux hélicoptères de combat, afin de maintenir en réserve un maximum d'avions de chasse pour des frappes d'extrême urgence ou pour des missions jugées peu risquées. De son côté, l'état-major Iranien réorganise son dispositif, complète les stocks de munitions et rapproche l'artillerie de la nouvelle ligne de front. Ses troupes reprennent au passage le contrôle de Musiyan. Malgré les pertes infligées par l'aviation Irakienne, les généraux Iraniens sont conscients d'avoir remporté leur première grande victoire. En une semaine, ils ont progressé d'une soixantaine de kilomètres, réduit le plus important saillant Irakien et récupéré plusieurs champs pétrolifères, infligeant à l'adversaire des pertes très importantes (680 chars et véhicules blindés et 215 pièces d'artillerie ont été détruits ou capturés, 6 000 Irakiens ont été tués, 15 000 autres faits prisonniers ; 3 divisions ont été annihilées, soit les deux tiers du 4ᵉ corps). Les Iraniens se sont même offert le luxe de capturer intacte une batterie de missiles sol-air Sam-6, qu'ils vont pouvoir décortiquer pour mettre au point des contre-mesures adaptées. Pour prix de cette victoire, 4 000 de leurs combattants sont tombés, essentiellement dans les rangs des Pasdarans, et 12 000 autres ont été blessés, mais ces pertes seront très rapidement comblées. Plus gênant, 200 de leurs chars et autant de transport de troupes blindés ont été détruits, mais ils seront en partie remplacés par le matériel pris à l'adversaire. Dans l'ensemble, cette manœuvre brillante, fruit d'une excellente coordination interarmes, est considérée comme un cas d'école qui sera enseigné dans les académies militaires Iraniennes et servira de modèle pendant le reste de la guerre.

Nouvelles médiations

Fin avril 1982, l'organisation de la conférence islamique (OCI) tente une médiation sous la houlette du Tunisien Habib Chatti. Son plan se résume en quatre points : retrait Irakien des territoires Iraniens occupés depuis septembre 1980 ; installation d'une force tampon fournie par les états membres de l'OCI ; constitution d'un comité international chargé d'arbitré le différend portant sur le Chatt el-Arab ; mise en place d'une commission d'évaluation des dommages subis par l'Iran. Pour donner du poids à la proposition de l'OCI, le conseil de coopération du Golfe se déclare prêt à mettre en place un fond d'indemnisation au profit de l'Iran. Téhéran, qui cherche à sortir de son isolement répond favorablement à cette démarche. Le général Nedjad rend public un message du pouvoir Iranien qui décrète que son armée est défensive par nature et n'a donc vocation ni à poursuivre la guerre ni à envahir ses voisins une fois que son territoire sera libéré. Khomeiny reste néanmoins inflexible sur trois points : Saddam Hussein doit partir, l'Irak doit reconnaître sa responsabilité dans le déclenchement des hostilités et rapatrier les chiites expulsés au printemps 1980. Le dictateur Irakien rejette bien évidemment en vrac ces conditions. Pour compliquer le tout, le gouvernement Algérien torpille discrètement le plan de paix de l'OCI, se targuant de convaincre les Iraniens d'accepter un cessez-le-feu.

Irrité par l'arrogance et le partit pris des Algériens qu'il accuse de favoriser systématiquement la partie Iranienne, Saddam Hussein décide de leur donner une leçon. Le 3 mai 1982, il donne l'ordre d'abattre le Gulfstream de liaison transportant le ministre Algérien des affaires étrangères, Mohammed Seddik ben Yahia. Celui-ci se rend à Téhéran avec plusieurs de ses collaborateurs pour convaincre les autorités Iraniennes d'accepter une médiation Algérienne et coordonner avec elles une position commune en vue de la prochaine réunion de l'OPEP. Il est facile à Bagdad d'obtenir les détails du vol régulièrement enregistré. Alors qu'il approche de la frontière entre la Turquie, l'Iran et l'Irak, le Gulfstream est abattu sans sommation par un missile longue portée tirée par un MIG-25 Irakien en maraude. Il n'y a aucun survivant, les Algériens sont furieux et le font savoir aux deux belligérants, sans trop savoir qui blâmer pour cette forfaiture, car Irakien et Iraniens s'accusent mutuellement d'avoir abattu l'avion. Le message est cependant bien reçu par le pouvoir Algérien qui cessera désormais de s'immiscer dans le conflit.

Pendant ce temps, au Kurdistan Iranien

Début avril 1982 Abdul Rahman Ghassemlou, le chef des Kurdes Iraniens, est reparti à la conquête des villes perdues l'automne précédent. Il a réussi à mobiliser 30 000 Peshmergas appuyés par les chars et les pièces d'artillerie capturés l'année passée. Grâce à la générosité de Bagdad, ses combattants disposent d'un nombre conséquent de mitrailleuses, de lance-roquettes anti-char et de canons sans recul.

Soutenu par une partie de la population, il s'est emparé des villes de Sanandaj, Saqqez, Boukan et Mahabad qui ont changé une troisième fois de mains en moins d'un an. Ses troupes ont piétiné en revanche devant Piranchahr, fermement tenue par une brigade de l'armée régulière. Plus au sud, le chef du PDKI n'a même par cherché à s'emparer de la garnison de Marivan, celle-ci étant désormais inexpugnable après avoir été renforcée pendant l'hiver. Fort de ce succès, Ghassemlou a contacté Bani Sadr et lui a proposé de retourner en Iran pour établir dans les montagnes du Kurdistan, un gouvernement parallèle prônant la chute de l'imâm Khomeiny. Prudent, l'ancien président a décliné l'offre, préférant demeurer dans son exil Parisien qui lui offre un cadre idéal pour rédiger ses mémoires. Il sait que s'il commettait l'erreur de s'impliquer dans la résistance ouverte au régime des mollahs, il perdrait définitivement la bienveillance du guide et deviendrait immédiatement la cible des tueurs de la Savama, la police politique des ayatollahs. Car même s'il l'a publiquement désavoué, Khomeiny continue d'étendre sa protection sur Bani Sadr pour qui il éprouve une affection sincère. Rapidement, les autorités Iraniennes lancent la contre-offensive, le général Chirazi dirige l'opération qui mobilise 80 000 hommes appuyés par 300 chars, 150 pièces d'artillerie et une cinquantaine d'hélicoptères. En deux mois, les Iraniens reprennent le contrôle des quatre villes perdues et refoulent les Peshmergas vers leurs montagnes, sachant que l'été, ceux-ci seront inoffensifs puisqu'ils se devront d'être dans leur foyer pour participer aux tâches rurales de leur communautés. Là, les Peshmergas sont encore à l'abri, car les Iraniens ne disposent pas suffisamment de troupes pour les y débusquer. Ils n'en poursuivent pas moins une politique de répression féroce à l'encontre de tous ceux qui ont soutenu les insurgés. Le général Chirazi, qui s'implique personnellement dans ces opérations, y gagne son surnom (d'homme de fer), et par là même la reconnaissance du régime.

Guerre de position

Pendant l'hiver 1982-1983, le front se stabilise. Chacun améliore ses positions défensives pour empêcher l'adversaire de s'infiltrer à travers les lignes. Côté Irakien, les troupes du génie creusent un réseau de tranchées qui courent le long du front, semblables à celles du front occidental durant la première guerre mondiale. Tous les 300 mètres, des casemates équipées de mitrailleuses, de mortiers et de canons sans recul offrent aux fantassins un appui précieux. Des positions de tir pour les chars, protégées par des remblais de terre, sont aménagées à intervalles réguliers, le long du front. Des fossés antichars sont creusés à l'avant des tranchées protégées par de vastes champs de mines et de pièges en tous genres. Des équipements de surveillance électronique, des caméras et des senseurs thermiques complètent l'ensemble pour détecter toute infiltration. Des boyaux latéraux sont aménagés pour faciliter l'acheminement de renforts, de vivres et de munitions, mais aussi pour que les fantassins puissent se déplacer à couvert d'un point à l'autre du dispositif. Des dépôts logistiques sont aménagés à moins de cinq kilomètres des premières lignes, pour permettre aux unités de se ravitailler rapidement. Plus en retrait, des positions aménagées regroupent l'artillerie et la DCA préréglées de manière à dresser, si nécessaire, un barrage de feu devant l'assaillant. De nouveau tronçons de routes sont tracés et bitumés pour relier les premières lignes à la route principale qui longe le Tigre.

Les sapeurs Irakiens profitent également de la trêve hivernale pour accélérer les travaux du complexe défensif protégeant les abords de Bassora, sur la rive orientale du Chatt el-Arab. Le canal d'une trentaine de kilomètres, creusé pour l'occasion, est désormais rempli d'eau et relié à la fois au Chatt el-Arab et au lac des Poissons. Pendant ce temps, l'état-major accélère la formation des recrues et la création de nouvelles unités pour combler les pertes et renforcer le front : 4 divisions d'infanterie (21e, 22e, 23e et 24e), une brigade commando (65e) et 2 brigades de la Garde Républicaine (une infanterie motorisée et une blindée dotée de chars T-72). Pour faire face à la pression croissante en direction de la péninsule de Fao, un 5e corps d'armée, confié au général Jabouri, est créé pour tenir le secteur sud de Bassora. Les Irakiens placent en effet les responsabilités opérationnelles dans les mains de leurs commandants de corps d'armée, plutôt que dans celles de leurs commandants de divisions. Côté Iranien, les travaux défensifs sont moins impressionnants et se limitent à de simples tranchées parsemées de points d'appui destinés à abriter chars et artillerie. Les généraux Iraniens, à l'offensive, ne voient pas pourquoi ils gaspilleraient leur énergie à ériger des ouvrages défensifs, alors même qu'ils ont la ferme intention de progresser plus profondément à l'intérieur du territoire ennemi. Leurs troupes du génie construisent de nouveaux postes de commandement au plus près du front et s'entraînent au franchissement du Tigre et du Chatt el-Arab. Pour accroître ses capacités offensives, le commandement Iranien crée deux nouvelles divisions d'infanterie de choc et transforme le 23e brigade de commandos en une division de forces spéciales qui passe sous la tutelle des Pasdarans.

Guerre totale

Puisqu'aucun des deux camps ne semble en mesure de s'imposer militairement, le régime Irakiens décide d'abattre une nouvelle carte pour débloquer la situation et convaincre les mollahs de mettre un terme à la guerre. En bombardant la population Iranienne, il espère la démoraliser et la contraindre à faire pression sur le gouvernement Iranien, afin que celui-ci accepte de négocier avec Bagdad. Le régime Irakien a d'autant moins de scrupules à viser la population civile que le 27 novembre 1983, l'explosion d'un camion piégé avait fait une centaine de morts à Bagdad. Les Irakiens avaient attribué cet attentat aux services spéciaux Iraniens et s'étaient promis de le venger. Ce faisant, les Irakiens reproduisent les mêmes erreurs que les Allemands, les Britanniques et les Américains pendant la seconde guerre mondiale. Le bombardement des populations va en effet souder les Iraniens à leurs dirigeants et accroître leur détermination à combattre jusqu'au bout un ennemi diabolisé. Il offrira en outre un répit précieux aux forces armées Iraniennes, puisque les moyens affectés au bombardement de civils ne seront pas consacrés à l'attaque d'objectifs militaire.

Le 1er février 1984, le gouvernement Irakien rend publique son intention de bombarder onze villes Iraniennes situées à proximité du front, et laisse un préavis de quelques jours à leurs habitants pour quitter les lieux. Téhéran réplique en menaçant de bombarder à son tour les villes Irakiennes situées à portée de son artillerie. Il en faut plus pour impressionner Saddam, le 12 février, celui-ci donne le coup d'envoi de la (guerre des villes) en ordonnant le tir d'une salve de missiles Scud contre Dezfoul qui fait 40 morts et près de 200 blessés.

Les Iraniens répliquent en bombardant Bassora, Fao, Qourna, Mandali et Khanaqin. Le pouvoir Irakien réagit par de nouvelles salves de missiles contre Abadan, Ahwaz, Susangerd, Andimechk, Ilam et Karmanchah. Il ne peut recourir à son artillerie, puisque la plupart des villes Iraniennes sont hors de portée de ses canons et toutes celles qui se trouvent trop près du front ont été évacuées de leurs habitants. Il décide donc d'engager son aviation. Téhéran, Chiraz et Ispahan sont épargnées, car elles sont situées hors de portée des chasseurs et des missiles Irakiens. L'Iran, qui ne dispose d'aucun missile balistique, ne peut compter que sur son artillerie et sur quelques dizaines de Phantom pour frapper en retour les villes Irakiennes. Leurs pilotes s'infiltrent à très basses altitude au-dessus du territoire ennemi. Ils prennent soin d'éviter le secteur de Bagdad où l'adversaire a concentré de redoutables moyens sol-air. Fin février, Saddam Hussein propose une trêve qui n'est pas acceptée par Téhéran. Déçu, il décide de frapper symboliquement la capitale Iranienne, mais aussi Qom et Ispahan. Seuls les bombardiers Tupolev disposent de l'allonge nécessaire pour atteindre ces objectifs. Ce sont les Tu-22 Blinder qui sont retenus pour accomplir cette mission. Début mars, plusieurs paires de Tu-22 conduisent des raids nocturnes contre ces trois villes.

Trois d'entre eux sont abattus à coups de missiles Phoenix par des patrouilles de Tomcat qui assurent l'alerte 24 heures sur 24. Le commandant de l'aviation est contraint de renoncer à ces attaques, car ses pilotes ne disposent plus que de 4 Tu-22 opérationnels. Le président Irakiens doit alors trouver un moyen de mettre un terme à cette campagne de bombardements qui tourne à son désavantage. Pour sortir de l'impasse, Saddam Hussein convoque une réunion d'état-major avec conseillers et généraux pour imaginer une stratégie alternative. Le dictateur décide de s'en prendre à son économie, sa stratégie est simple et consiste à attaquer les pétroliers venant remplir leurs cuves en Iran, au risque de fâcher les Saoudiens et les Koweïtiens qui ont peur que cela ne serve de prétexte à l'Iran pour s'en prendre aux pétroliers venant se ravitailler chez eux. Le dictateur Irakien sait qu'en agissant ainsi, il franchit la dernière ligne rouge tracée par Téhéran, basculant dans une logique de guerre totale qui risque d'exposer son industrie pétrolière aux représailles Iraniennes.

Il est toutefois convaincu qu'en réduisant drastiquement les revenus pétroliers de son adversaire, il contraindra l'Iran à déclarer forfait. Téhéran a en effet besoin de l'argent du pétrole pour financer sa guerre. Saddam espère ainsi que les attaques contre le trafic pétrolier feront diversion et inciteront les Iraniens à mettre un terme au bombardement des villes pour concentrer leur attention sur cette nouvelle menace. Jusqu'à présent le manque de moyens avait limité la portée des attaques Irakiennes contre le trafic pétrolier. Les Super Frelon ne disposaient pas de l'allonge nécessaire pour frapper au-delà de l'île de Kharg et les bombardiers Tupolev ne disposaient ni des missiles ni du système de bombardement leur permettant d'attaquer avec précision des cibles navales. Or, depuis quelques semaines, l'Irak dispose d'un couple idéal pour frapper le trafic maritime en toute impunité : les 5 chasseurs bombardiers Super Etendard loués par la France, capables de tirer les 200 missiles antinavires AM-39 Exocet achetés à prix d'or à l'aérospatiale. Le Super Etendard est alors l'un des rares avions de combat capable de survoler la mer au ras des flots pour tirer un missile Exocet à une distance d'une trentaine de kilomètres qui le met quasiment à l'abri de la chasse et de la DCA ennemies. Ces 5 appareils, regroupés au sein du 81ᵉ escadron basé à Nasiriya, sont opérationnels depuis le 27 février 1984.

Leur présence va permettre aux Irakiens de déplacer leur zone de chasse à 300 kilomètres au sud de l'île de Kharg et dans le chenal de Khor Musa.

Raid sur Bouchehr

Conscient de l'atout que lui confère cette nouvelle force de frappe, le régime Irakien planifie un raid qui lui tenait à cœur depuis 18 mois : l'attaque de la centrale nucléaire de Bouchehr dont les travaux de construction avancent lentement, mais sûrement, les images satellites fournies par Washington en attestent. Le site est protégé par une batterie de missiles Hawk et par une impressionnante concentration de DCA. Un raid aérien classique n'aurait que très peu de chances de réussite. Quant au missile Scud, leur précision est insuffisante pour atteindre un tel objectif. Seuls les Super Etendard sont capables de le toucher, grâce à leur précieux missiles Scud, leur précision est suffisante. Le 24 mars 1984, à la tombée de la nuit, 4 Super Etendard décollent en direction de Bouchehr. Leurs missiles ont été réglés pour accrocher un objectif fixe de la taille des bâtiments protégeant les deux futurs réacteurs nucléaires. Ils survolent les eaux du Golfe, contournent l'île de Kharg et se dirigent droit vers la centrale. Lorsqu'ils arrivent à 30 kilomètres de leur objectif, ils enclenchent leur radar pour acquérir la cible, puis tirent leurs missiles en rafale. Ils regagnent leur base sans connaître le résultat du raid.

Celui-ci leur parvient quelques jours plus tard, via des photographies de reconnaissance transmisses par les agences de renseignement Américaines. Il est décevant, seules les installations secondaires ayant été endommagées. L'impact psychologique est en revanche bien réel sur le pouvoir Iranien qui réalise qu'il va lui falloir redoubler d'efforts pour protéger cette installation cruciale. L'agence internationale pour l'énergie atomique se saisit aussitôt du dossier, suspectant l'Iran de vouloir construire une bombe atomique, en violation du traité de non-prolifération nucléaire (TNP) auquel Téhéran a pourtant adhéré. Alertés, les médias s'emparent eux aussi de l'affaire et accusent les mollahs de chercher à se doter de l'armement nucléaire. Compte tenu de l'enjeu quel représente, la centrale nucléaire de Bouchehr sera attaquée à 6 autres reprises par l'aviation Irakienne (2 fois en 1985, 1 fois en 1986, 2 fois en 1987 et 1 fois en 1988). La frappe la plus réussie surviendra en novembre 1986, lorsque 2 Mirage F-1 parviendront à endommager gravement le dôme de protection de l'un des 2 réacteurs de la centrale grâce à leurs missiles AS-30L. L'action combinée de ces raids causera plus de 4 milliards de dollars de dégâts et conduira à l'arrêt momentané des travaux.

Guerre des pétroliers

Le 27 mars 1984, une paire de Super Etendard décolle pour sa première mission de chasse aux pétroliers. Le premier coup au but est une méprise, puisque le tanker grec Filikon L qui est atteint transportait du pétrole chargé au Koweït. Il naviguait en limite de la zone d'exclusion maritime.

Les pilotes Irakiens ne disposent alors d'aucun équipement électronique leur permettant d'identifier leurs cibles à coup sûr. La seule chose qu'ils voient sur leur écran radar, c'est un point lumineux de forme variable en fonction de la taille du navire visé. Comme l'Irak ne dispose d'aucun avion de patrouille maritime susceptible d'éclairer leur terrain de chasse, les pilotes de Super Etendard partent à l'aveuglette, avec pour seule consigne d'engager tout navire transitant dans la zone d'exclusion maritime. Le second coup au but est un succès, même s'il ne s'agit pas d'un pétrolier, puisque le cargo Sud-Coréen Heyang Ilho qui ravitaillait l'une des plateformes pétrolières Iraniennes est coulé. Les missions s'enchaînent rapidement. Le 18 avril, un Super Etendard touche le tanker Panaméen Robert Star. Le 25 avril, le supertanker Saoudien Safina al-Arab est incendié par l'explosion d'un Exocet, après avoir fait le plein de brut Iranien au terminal de Kharg. Les Saoudiens vilipendent les Iraniens, mais continuent de commercer avec eux ! Le 27 avril, c'est le pétrolier Libérien Sea Eagle qui est gravement endommagé, suivi le 7 mai par l'Al-Ahood, un autre tanker Saoudien.

Le 13 mai, c'est au tour du pétrolier Iranien Tabriz d'être touché. Pendant le reste du mois de mai, 4 autres pétroliers sont endommagés par des tirs d'Exocet. Le profil des missions est à chaque fois le même. Chaque jour ou presque, 1 et 2 Super Etendard décollent de Nasiriya, un peu avant l'aube, à la recherche de pétroliers venus s'approvisionner au terminal de Kharg pendant la nuit. Ils survolent les eaux du Golfe à moyenne altitude, escortés par une paire de Mirage F-1. Ils parviennent dans leur zone de chasse au bout d'une demi-heure, cherchent une cible sur leur radar et, s'ils la trouvent, l'atteigne. Ils rentrent fréquemment bredouilles, sans être parvenus à détecter le moindre pétrolier. Pour frapper encore plus loin, les Irakiens modifient plusieurs chasseurs Su-22 pour leur permettre d'opérer en tant que ravitailleurs en vol, afin de doubler le rayon d'action des Super Etendard tous équipés d'une perche de ravitaillement en vol. Début mai, Téhéran riposte en attaquant plusieurs pétroliers Saoudiens et Koweïtiens (notamment le supertanker Yanbu'Pride de 300 000 tonnes), au nord de Bahreïn. Les dégâts sont beaucoup plus légers, car pour l'instant, les Phantom engagés dans ces raids de représailles se contentent de frapper leurs victimes à coups de roquettes et d'obus de 20 mm, le mode opératoire des pilotes Iraniens est bien différent de celui de leurs adversaires. Après qu'un avion de patrouille maritime Orion a survolé la zone et identifié une cible répondant aux critères souhaités, une paire de Phantom décolle de la base de Bouchehr ou de celle de Bandar Abbas et se dirige à basse altitude droit vers la cible.

Les deux chasseurs survolent le navire pour s'assurer de son identité, puis effectuent deux ou trois passes au cours desquelles les pilotes tirent leurs roquettes et vident le magasin de leur canon. Le but n'est pas encore de couler des navires, mais de faire passer un message aux monarchies du Golfe : cessez tout soutien à l'Irak, sinon les attaques s'intensifieront ! l'Arabie Saoudite réagit aussitôt et met en place, avec l'aide des Etats-Unis, une zone d'interdiction de survol allant bien au-delà de ses eaux territoriales. Cet espace est délimité par la (ligne Fahd) tangente à la zone d'exclusion navale érigée par l'Iran. Cette ligne virtuelle protège à la fois les installations pétrolières Saoudiennes, y compris off-shore, et le rail de navigation reliant celles-ci au détroit d'Ormuz. Une note verbale est adressée au régime Iranien, informant ses dirigeants qu'il serait malvenu de leur part de franchir cette ligne.

Pour conforter la posture de fermeté du roi Fahd, les Etats-Unis annoncent à grand renforts de publicités l'envoi dans le Golfe d'Oman d'un groupe aéronaval centré autour du porte-avions Midway. Le 5 juin 1984 pour tester la dissuasion Saoudienne, un Orion de reconnaissance franchit la ligne Fahd et repère deux supertankers Saoudiens qui viennent de quitter le terminal pétrolier de Dhahran, en Arabie Saoudite. Deux Phantom Iraniens décollent dans la foulée de leur base de Bouchehr et se dirigent vers eux, avec l'intention manifeste de les attaquer. Ils sont immédiatement repérés par l'AWACS d'alerte qui dirige vers eux une patrouille de deux F-15 Saoudiens qui les détectes très rapidement. Après avoir reçu confirmation de l'ordre d'engagement, les deux intercepteurs tirent contre eux deux missiles Sparrow. L'un des deux Phantom est désintégré, tandis que l'autre très endommagé, rompt le combat et rentre péniblement à sa base. Une demi-heure plus tard, 6 Phantom décollent de la base de Bouchehr en direction de la côte Saoudienne. L'AWACS de surveillance les détecte instantanément et dirige ostensiblement vers eux une formation de 4 F-15 et 2 Tigre Saoudiens pour les dissuader de franchir la ligne Fahd. Les Iraniens répliquent en engageant 6 nouveaux Phantom et 8 Tigre supplémentaires partis de la base de Dhahran. En l'espace d'une heure, 40 chasseurs Iraniens et Saoudiens manœuvre agressivement à proximité de la ligne Fahd, cherchant à s'impressionner, sans toutefois ouvrir le feu. A court de carburant, les chasseurs Iraniens sont contraints de rebrousser chemin. Le roi Fahd jubile. La leçon a porté ses fruits. Les Iraniens se vengent en attaquant cinq jours plus tard un supertanker Koweïtien au large des Emirats Arabes Unis, hors de portée des intercepteurs Saoudiens.

Nouvelle guerre des villes

Dès le déclanchement de l'opération Badr, l'aviation Irakienne entame une nouvelle campagne de bombardements contre les installations industrielles Iraniennes, en réaction à la dernière offensive Iranienne. Instruit par l'expérience, Saddam Hussein a préféré cibler le potentiel économique plutôt que les populations civiles. Le gouvernement Iranien ne l'entend pas de cette oreille et riposte de manière cinglante. Le 14 mars 1985, il frappe Bagdad avec des missiles Scud-B. C'est la première fois que l'Iran a recours à ce type de missiles que la Lybie vient tout juste de lui livrer. Cette première attaque spectaculaire cause d'important dégâts dans le centre-ville de Bagdad. C'est un camouflet pour Saddam Hussein qui n'a cessé d'affirmer à ses compatriotes que la capitale Irakienne était à l'abri d'une frappe ennemie. Le dictateur est furieux car ses propres missiles Scud ne disposent pas de la portée suffisante pour frapper Téhéran. Il n'ordonne pas moins le tir de missiles Frog et Scud contre plusieurs villes Iraniennes et demande au général Shaaban, qui commande l'aviation, de trouver un moyen permettant de bombarder régulièrement Téhéran. Le recours aux bombardiers Tupolev, sévèrement étrillés lors du premier épisode de la guerre des villes, n'apparaît pas souhaitable. Une seule option semble se dessiner : l'emploi d'intercepteurs MIG-25, à condition de les modifier pour des missions de bombardements. C'est le seul autre avion de combat en service dans l'armée de l'air à disposer du rayon d'action suffisant pour accomplir cette mission sans ravitaillement en vol. Son altitude de croisière et sa vitesse très élevée le mettent en théorie à l'abri de la chasse Iranienne.

Les autorités Irakiennes prennent immédiatement contact avec le Kremlin pour négocier la livraison urgente de plusieurs exemplaires de ce dispositif de largage sophistiqué, de même qu'un stock de bombes adaptées. En quelques jours, l'aviation Irakienne dispose de 4 MIG-25 modifiés qui sont déployés sur la base de Kirkouk, la plus proche de la capitale Iranienne. Les premières missions commencent dans la foulée. Chaque nuit, un MIG-25 lesté de 4 bombes et 2 réservoirs supplémentaires décollent de Kirkouk, cap à l'est. Il survole les montagnes et franchit la frontière Iranienne après cinq minutes de vol. Il largue ensuite ses deux réservoirs supplémentaires, grimpe jusqu'à une altitude de 2 000 mètres et accélère à plus de deux fois la vitesse du son. A cette allure et à cette altitude, il ne lui faut pas plus de vingt minutes de vol pour rejoindre le point de largage situé à 40 kilomètres de Téhéran. Le calculateur de tir, couplé au système de navigation inertielle, déclenche automatiquement le largage des bombes sans que le pilote ait à s'en préoccuper.

Les projectiles accomplissent les 40 derniers kilomètres en trajectoire balistique, pendant que le pilote bascule son appareil et rentre à sa base. La mission complète dure moins d'une heure. Ce tir à distance de sécurité n'est pas précis, mais il limite considérablement les risques d'interception. Le manque de précision n'est pas gênant, à partir du moment où seule la population civile est visée. Parallèlement, Saddam Hussein décrète une zone d'exclusion aérienne au-dessus de l'ensemble du territoire Iranien, entraînant ainsi l'arrêt de la plupart des vols commerciaux vers Téhéran. Pendant quatre semaines, les MIG-25 Irakiens larguent quotidiennement leurs bombes au-dessus de Téhéran. Les villes de Tabriz, Chiraz, Ispahan et même Qom sont également touchées. L'ayatollah Khomeiny, qui séjournait dans la ville sainte, est rapatrié dans son bunker de la banlieue de Téhéran. Aucun des MIG-25 engagés dans ses missions n'est abattu. De leur côté, des MIG-23, des Su-22 et des Mirages F-1 frappent les quartiers résidentiels des villes situées à proximité du front. Deux MIG-23 sont abattus à cette occasion par la chasse Iranienne. Pour motiver ses aviateurs, les président Irakien décrète avec emphase que l'année 1985 sera celle du pilote !

De leur côté, les généraux Iraniens réclament désespérément des missiles sol-air Hawk pour tenter de repousser les raids de MIG-25. Les citadins passent les nuits dans des abris souterrains, pendant que les plus audacieux grimpent sur le toit des immeubles pour assister au spectacle des traceuses de DCA zébrant le ciel. L'aviation Iranienne réplique en bombardant Bagdad, Amara, Koût, Nasiriya, Mossoul, Baqouba et même Tikrit, la ville natale de Saddam. Elle perd 2 Phantom au-dessus de la capitale Irakienne. Elle ne se risque pas au-dessus de Bassora, la ville étant à portée de l'artillerie Iranienne et la concentration de missile sol-air y étant trop élevée. Elle épargne pour l'instant les villes saintes de Nadjaf et Karbala, de même que les villes Kurdes, pour ménager ces alliés potentiels. Le 21 avril 1985, Saddam Hussein appelle à mettre un terme au conflit. Pour parvenir à un cessez-le-feu, il propose l'arrêt des bombardements contre les populations civiles, le retrait des deux armées aux frontières, l'échange de tous les prisonniers de guerre et des négociations directes entre les deux pays pour fixer le montant des réparations. La question du Chatt el-Arab n'est plus évoquée. Le dictateur Irakien, pressé de mettre un terme à cette guerre qui n'a que trop duré, renonce implicitement à ses prétentions sur le fleuve. Cela ne suffit pas pour satisfaire le pouvoir Iranien qui demande le départ de Saddam Hussein et le rapatriement des chiites irakiens réfugiés en Iran dont le retour en Irak devrait fragiliser le régime Baassiste.

Pour que les choses soit encore plus claire, une nouvelle salve de missiles Scud Iraniens s'abat sur Bagdad. Le président Irakien réplique en ordonnant une frappe massive contre Téhéran qui fait 78 morts et 325 blessés en une seule nuit. Courant mai, le stock de missile s'épuise, début juin, les frappes se font plus rares, chacun sait qu'il ne fera pas plier l'autre et qu'il lui faut conserver quelques Scud, au cas où. Une nouvelle trêve dans la guerre des villes est entérinée le 15 juin 1985 sous l'égide du secrétaire général des Nations Unies, mettant ainsi un terme aux bombardements qui ont fait 2 000 morts dans le camp Iranien et 600 dans le camp Irakiens.

Les Iraniens s'emparent de la péninsule de Fao

En ce tout début d'année 1986, Akbar Hashemi Rafsandjani après sa réélection à l'élection présidentiel est déterminé à frapper un grand coup pour faire taire les critiques de tous ceux qui, à Téhéran, sont exaspérés par l'enlisement de cette guerre qui entre dans sa sixième année. D'autant que mi-janvier, les Irakiens sont parvenus à reconquérir la totalité de l'îlot sud des îles Majnoun. Décidé d'offrir au guide une victoire pour le septième anniversaire de la révolution, Rafsandjani endosse son habit de chef de guerre et convoque ses généraux pour préparer le lancement d'une offensive majeure au mois de février. Son objectif est simple : traverser le Chatt el-Arab pour conquérir la péninsule de Fao, couper l'Irak de ses approvisionnements en provenance du Golfe, empêcher Bagdad d'exporter son pétrole vers le Koweït et l'Arabie Saoudite et prendre à revers Bassora. Les Iraniens espère prendre cette ville en tenailles, et s'ils n'y parviennent pas, ils auraient au moins créé un point de fixation permettant d'affaiblir l'adversaire en lui causant un maximum de pertes en hommes et en matériels. Pour exécuter cette mission, le régime Iranien lève 200 000 Bassidj et alignent près d'un million d'hommes sur le front, dont deux tiers de combattants. Le cinquième de cet effectif se retrouvent en première ligne près de Fao pour cette offensive qui fait l'objet de préparatifs méticuleux.

Depuis des mois, d'important moyens de franchissement ont été acheminés discrètement le long de la berge orientale du Chatt el-Arab. Les plus visibles sont l'éléments de ponts flottants et les barques automoteur récemment achetés à la Chine, ont été stockés dans les cités fluviales de Khorramchahr et d'Abadan. Plus au sud, des centaines de barges et d'embarcation pouvant transporter chacune une trentaine de combattants ont été camouflées dans les marécages. En face, les Irakiens n'alignent que 15 000 hommes répartis au sein des 15e et 26e divisions d'infanterie, toutes deux de seconde catégorie, et de la 441e brigade d'infanterie de marine chargée de garder le port en ruine de Fao. Les préparatifs Iraniens sont décelés par les renseignement Irakiens qui font remonter des rapports alarmistes à l'état-major. Celui-ci les ignore, estimant qu'il s'agit d'une feinte et que l'attaque surviendra soit sur Bassora, soit dans le secteur des îles Majnoun pour récupérer le terrain récemment perdu. Les interceptions des communications Iraniennes montrent un regain significatif d'activités au sud des îles Majnoun. Confronté à plusieurs indices, le général Dhanoun, chef d'état-major, décide de mettre en alerte renforcée les 3e et 6e corps.

Ce qu'il ignore, c'est que ces mouvements soigneusement étudiés et savamment entretenu sont destinés à le leurrer sur les intentions réelles des Iraniens. Le 9 février 1986, à la tombée de la nuit, les Iraniens déclenchent l'offensive, Aurore 8, baptisée ainsi pour renouer avec le succès des offensives Aurore des années passées. Au nord de Bassora, sous une pluie battante, leur 12ᵉ division d'infanterie se lance à l'assaut des positions retranchées Irakiennes érigées au sud du lac des Poissons, afin de faire diversion. Pendant plusieurs heures, des vagues de jeunes Bassidjis survoltés viennent se briser contre le dispositif ennemi, appuyée par le feu roulant de l'artillerie Iranienne. Simultanément, une brigade de cette même division, appuyée par une brigade du génie, s'empare par surprise de l'île d'Oum al-Rassas qui sépare le cours du Chatt el-Arab en deux au niveau de Khorramchahr. En quelques heures, les Iraniens montent un pont flottant entre la berge du fleuve et cette île longue de plusieurs kilomètres sur laquelle ils amènent des renforts. A 22 heures, ils commencent à franchir le fleuve en deux autres endroits distincts : le premier à proximité de Siba, à 3 kilomètres au sud-ouest d'Abadan, au niveau d'un vaste banc de sable qui facilite les opérations ; le second plus au sud, à une quinzaine de kilomètres de Fao, sur un méandre du fleuve où celui-ci ne mesure que 400 mètres de large.

Des nageurs de combat ont préalablement traversé le Chatt el-Arab à la nage pour sécuriser les deux têtes de pont renforcées par des milliers de Pasdarans qui traversent le fleuve grâce aux bateaux pneumatiques livrés quelques semaines plus tôt par l'Inde. La 3ᵉ brigade d'infanterie de marine, de son côté, prend pied au sud de la péninsule, de part et d'autre de Fao, appuyée par le tir nourri d'une douzaine de vedettes de Pasdarans qui mitraillent les quelques points d'appui Irakiens gardant ce secteur. C'est au niveau de Siba que les opérations de franchissement se révèlent les plus spectaculaires. A la fin de la nuit, un premier pont flottant est en service, permettant aux unités motorisées des 21ᵉ et 77ᵉ divisions de franchir le fleuve et de se ruer vers leurs objectifs. Plus au sud, les sapeurs Iraniens construisent un pont constitué de gros blocs de polystyrène recouvert de travées métalliques. Ce pont s'avère suffisamment solide pour faire traverser la division d'artillerie des Pasdarans, mais aussi les camions assurant la logistique. Pendant la journée, les sections de ce pont flottant sont démontées et mises à l'abri le long des berges pour les préserver de l'artillerie et de l'aviation ennemies. Au crépuscule, elles sont rassemblées pour permettre la poursuite des opérations de traversée. Pendant des semaines, les sapeurs Iraniens, trempés et glacés, vont travailler comme des forçats pour monter et démonter inlassablement ce pont qui échappera aux frappes Irakiennes. A Bagdad, l'état-major, incapable d'intercepter les communications des Pasdarans, est surpris.

Le général Dhanoun ordonne à la 15ᵉ division d'infanterie renforcée d'une brigade commando de reprendre le contrôle de l'île d'Oum al-Rassas. A l'issue de 36 heures de combat, les Irakiens en reprennent le contrôle. Plus au nord, la 11ᵉ division Irakienne a tenu fermement ses positions, repoussant tous les assauts de la 12ᵉ division Iranienne. Entre temps, le général Dhanoun a donné l'ordre à la division blindée de la garde républicaine de quitter Bagdad pour rejoindre Bassora et refouler les Iraniens présents sur la rive Irakienne du Chatt el-Arab. Il dépêche également tous les moyens du génie disponibles dans le secteur de Bassora, à une vingtaine de kilomètres au sud-est de la ville, pour ériger une première ligne de défense gardée par la 5ᵉ division mécanisée. La météo demeurante exécrable, l'aviation reste clouée au sol.

De leur côté, les Iraniens ont mis à profit ces deux journées pour agrandir leurs têtes de pont. Après s'être emparée de Siba, la 77e division a bifurqué en direction de Bassora. Elle s'est rapidement heurtée aux éléments de pointe des 5e et 15e divisions Irakiennes, tandis qu'un détachement motorisé envoyé en direction de la base navale d'Oum Qasr est repoussé par la 440e brigade d'infanterie de marine. De son côté, la 21e division a longé la route parallèle au Chatt el-Arab en direction de Fao, nettoyant les points de résistance Irakiens les uns après les autres. Malgré les intempéries, des paras ont été héliportés à travers la péninsule pour encercler les troupes Irakiennes en déroute. Pendant ce temps, les commandos de la 3e brigade d'infanterie de marine ont détruit le radar installé à la pointe sud de la péninsule, rendant partiellement aveugles les vedettes lance-missiles et les chasseurs Irakiens. Les Iraniens en profitent pour déployer sur place deux de leurs batteries de missiles Silkworm tout juste livrée par la Chine. Ces missiles vont interdire toute sortie de bâtiment Irakiens, exerçant désormais une menace permanente sur le trafic maritime à destination du Koweït voisin. Le 12 février, profitant d'une brève éclaircie, le général Dhanoun dépêche une reconnaissance aérienne qui l'éclaire sur l'ampleur de la percée ennemie.

Il obtient d'Adnan Khairallah et de Saddam Hussein l'autorisation de recourir aux armes chimiques. A la première accalmie, deux PC-7 Turbo Trainer décollent acrobatiquement de Bassora, survolent la péninsule de Fao à basses altitude et vaporisent au-dessus des lignes ennemies des nuages de gaz moutarde. De son côté, le commandant du 7e corps obtient l'envoi urgent de 2 divisions en renfort (2e d'infanterie et 6e blindée) pour tenir la ligne de défense qu'il est en train de constituer au sud-est de Bassora. Leur présence est d'autant plus urgente que la 26e division s'est effondrée. Des bandes de soldats hagards et dépenaillés tentent d'échapper à leurs poursuivants à travers les marais salants. A l'issue des quatre premiers jours de combats, l'offensive Aurore 8 est un succès. Les Iraniens contrôlent la péninsule de Fao. Ils déplorent 800 morts et 4 000 blessés, pour la perte de 5 000 Irakiens tués et de 2 000 autres capturés.

La contre-attaque Irakienne

Le 14 février, la pluie cesse et fait place quelques jours à un soleil éclatant. Les Irakiens en profitent pour engager massivement leur aviation au-dessus de la péninsule de Fao. Tandis que leurs chasseurs mitraillent les tranchées Iraniennes, leurs avions d'assaut frappent les ponts flottants jetés en travers du Chatt el-Arab, endommagent celui situé près d'Abadan. Les sapeurs Iraniens doivent déployer des trésors d'ingéniosités et d'abnégation pour le remettre en service. Les bombardements Tupolev écrasent quant à eux sous un tapis de bombes les zones de regroupement d'infanterie. La chasse Iranienne en profite pour abattre un bombardier Tu-22, un hélicoptère Super Frelon et 6 chasseurs, dont 2 Mirage-V Egyptiens envoyés en renfort sur le front Irakien. La DCA Iranienne n'est pas en reste, puisqu'elle détruit un bombardier lourd Tu-16 à coups de missiles Hawk tirés depuis Abadan. Le 16 février, les services de renseignement militaire Irakiens sont encore persuadés que la traversée du Chatt el-Arab ne constitue qu'une attaque de diversion. Le général Dhanoun refuse donc d'engager des renforts supplémentaires au sud de Bassora.

Le général Chawket devra se contenter des forces déjà sur place. Son artillerie pilonne sans répit les premières lignes ennemies, alternant obus chimique et classiques. En face, 3 divisions Iraniennes (8e, 25e et 31e) relèvent les Pasdarans étrillés. Le 18 février, l'état-major Irakien finit par admettre qu'il fait bien face à l'offensive principale Iranienne dans la péninsule. Compte tenu de la gravité de la situation, Saddam Hussein se rend à Bassora, accompagné d'Adnan Khairallah, et distribue les rôles. Tandis que le ministre de la défense assure la coordination des opérations, le général Jabouri, chef d'état-major adjoint, prend la tête de la colonne chargée de reprendre le contrôle de la route côtière bordant la Golfe. Le général Chawket reçoit le commandement de la colonne qui doit progresser le long du Chatt el-Arab. Saddam confie la mission la plus délicate au général Maher Abdel Rachid. Il l'apprécie et fait confiance à son coup d'œil pour redresser la situation. Il lui offre le commandement de la Garde Républicaine chargée de suivre la route centrale. Cet itinéraire slalome à travers les marais salants et les palmeraies, jusqu'à Fao. Plus la garde progressera rapidement, plus elle sera à même d'appuyer les deux colonnes. Conscient de la difficulté de cette mission, Saddam autorise son protégé à recourir aux armes chimiques, sans lui en référer. Le 21 février, les trois colonne Irakiennes avancent en parallèle le long des trois routes convergeant vers Fao. Au nord, le général Chawket parvient jusqu'à Siba. Les Iraniens retranchés dans cette bourgade résistent avec acharnement. Ils savent que s'ils abandonnent cette position, ils perdront leur principale tête de pont qui les relient à Abadan. Le général Chawket, qui en est bien conscient, assiège Siba et ordonne à son artillerie de pilonner sans répit sa garnison.

Au centre, le général Rachid progresse moins vite qu'il ne l'espérait. La pluie s'est remise à tomber, transformant les marais salants en un immonde bourbier. Les chars s'enlisent et les fantassins, de la boue jusqu'au genou, se déplacent d'autant plus difficilement qu'ils sont rapidement essoufflés par le port du masque à gaz. La buée les rend pratiquement aveugles. Il leur faut souvent engager l'ennemi au corps à corps pour réduire les nids de résistance. A ce rythme, ils n'avancent que de 4 à 5 kilomètres par jour. Les soldats de la Garde Républicaine ont été formés au combat mécanisé, pas à la guerre de tranchée. Le général Rachid grignote néanmoins méthodiquement du terrain. Au sud, le général Jabouri avance plus rapidement le long de la route côtière. Il bouscule facilement les fantassins Iraniens, les déborde et les contraint à se replier en direction de Fao. Le 23 février, sa cavalcade est brutalement stoppée par des salves de missiles TOW. Les tankistes Irakiens sont d'autant plus surpris que leurs chefs leur avaient affirmé que les Iraniens ne disposaient plus de missiles de ce type. Manifestement, ils ont réussi à reconstituer leurs stocks. En quatre jours, les Irakiens sont parvenus à repousser la ligne de front d'une vingtaine de kilomètres vers l'est. Celle-ci s'étend désormais entre Siba et la côte sud de la péninsule, face à l'île Boubiyan, propriété du Koweït. A Téhéran, Akbar Hashemi Rafsandjani revoit ses ambitions à la baisse, affirmant que l'Iran se devait de tenir la péninsule de Fao, sans plus mentionner la prise de Bassora. Il met toutefois en garde les autorités Koweïtiennes afin qu'elles interdisent l'accès de l'île Boubiyan à l'Irak. Il serait en effet facile aux troupes de Saddam Hussein de s'y infiltrer, cette île déserte se trouvant à quelques kilomètres à peine de la base d'Oum Qasr. Une fois sur l'île, les Irakiens pourraient aisément atteindre la péninsule de Fao située à moins de 5 kilomètres de là, afin de prendre à revers les positions Iraniennes.

Bien conscient des risques encourus, le monarque Koweïtien se retrouve opposé à la présence de troupes étrangères sur son territoire, il ne peut compter sur personne pour le défendre. Il obtempère et fait savoir à Saddam Hussein que l'île Boubiyan constitue une ligne rouge. Si celui-ci venait à la franchir, le Koweït cesserait immédiatement tout soutien matériel et financier à Bagdad. Pour que l'avertissement paraisse plus crédible, le roi Fahd d'Arabie Saoudite le reprend à son compte. Le président Irakien, humilié, s'en souviendra quatre ans plus tard… En attendant, il donne des ordres très stricts pour que l'île Boubiyan ne soit pas utilisée pour lancer d'actions offensives, même s'il autorise ses forces spéciales à s'y infiltrer pour surveiller discrètement l'activités Iranienne autour de Fao. Il autorise en revanche son aviation à continuer à la survoler pour éviter la DCA Iranienne. Les Koweïtiens ferment les yeux. Le 24 février 1986, le conseil de sécurité des Nations Unies adopte une résolution (582) appelant à l'instauration immédiate d'un cessez-le-feu, suivi d'une médiation internationale sur tous les aspects du conflit. A l'exception des Chinois, les membres permanents du conseil commencent à sérieusement s'inquiéter de la tournure prise par les événements. Dans les chancelleries occidentales, tout comme au Kremlin, les experts interprètent la prise de Fao par l'Iran comme un signe avant-coureur d'une défaite Irakienne. Cette dernière aurait des conséquences catastrophiques pour l'équilibre géopolitique dans la région du Golfe, contraignant les grandes puissances à y intervenir directement. Comme à l'accoutumé, Bagdad accepte immédiatement les termes de cette énième résolution, tandis que Téhéran la rejette.

Les combats se déplacent au Kurdistan Irakien

Le 25 février 1986, l'Iran déclenche l'offensive Aurore 9 au Kurdistan Irakien, dans le secteur de Penjwin. En attaquant cette portion du front faiblement gardée par l'armée Irakienne, le pouvoir Iranien cherche à contraindre Bagdad à expédier sur place d'importants renforts, afin de soulager la pression Irakienne dans la région de Fao. Une fois de plus, il s'en remet au Pasdarans pour préserver l'effet de surprise. En pleine tempête de neige, la 64e division d'infanterie, épaulée par plusieurs groupes de Peshmergas, quitte ses retranchements et se dirige vers Souleimanieh, le long d'une route montagneuse située dans le prolongement de Penjwin. Son commandant compte sur le brouillard et la neige pour masquer le plus longtemps possible la progression de ses troupes et empêcher l'intervention de l'aviation ennemie. Au même moment, un peu plus au sud, la 77e division d'infanterie laisse derrière elle le col de Nossoud et part à l'assaut de Halabja, appuyée par une brigade de parachutiste. Pendant les trois premiers jours, les Pasdarans partis de Penjwin délogent les soldats Irakiens frigorifiés chargés de garder l'accès de la vallée encaissée menant à Souleimanieh. Ils parviennent à s'emparer du village de Chuarta qui commande l'accès de cette ville, mais aussi de sommets à partir desquels ils peuvent guider leurs tirs d'artillerie. Le 28 février, ils se heurtent aux défenses de Souleimanieh. La ville est bien gardée par la 27e division Irakienne. De leur côté, les Pasdarans chargés de s'emparer de Halabja buttent sur des bataillons de troupes de montagne (34e division). Les Irakiens contre-attaquent, appuyés par des combattants Kurdes ralliés au régime. Une fois encore, la cacophonie et la rivalité règnent au sein de la résistance Kurde.

Début mars, la météo s'améliore et le soleil brille sur l'ensemble du front. Le général Shaaban, qui commande l'aviation Irakienne, en profite pour mettre en pratique l'une de ses nombreuses idées : transformer ses quadriréacteurs de transport Iliouchine 76 en bombardiers. Pendant plusieurs semaines, ces appareils vont survoler le front Kurde et la péninsule de Fao à 6 000 mètres d'altitude, hors de portée de la DCA légère et des Sam-7, larguant au-dessus des lignes ennemies des palettes rassemblant chacune plusieurs dizaines de bidons de 200 litres de napalm, reliés à un détonateur altimétrique réglé pour exploser à une centaine de mètres au-dessus du sol. Bien que rustique, ce procédé cause de lourdes pertes parmi les combattants Iraniens paniqués par ce déluge de feu. Le 8 mars le général Khazraji, qui commande le 1er corps, a repris une partie du terrain perdu dans les secteurs de Souleimanieh et de Halabja. Il n'a pas failli à sa réputation d'excellent tacticien et n'a ménagé ni sa peine, ni ses hommes ni ses adversaires. Ereintés et à court de munition, les Iraniens stoppent momentanément leur offensive au Kurdistan Irakien.

L'Irangate

Le 3 novembre 1986, le magazine Libanais Ash-Shiraa révèle que le gouvernement Américain livre clandestinement des armes à l'Iran afin de faciliter la libération des otages Américains retenus au Liban. La nouvelle suscite un tollé aux Etats-Unis où l'administration se targue de ne jamais négocier avec les preneurs d'otages. Le congrès demande immédiatement des explications à la Maison Blanche, lui rappelant l'embargo interdisant toute vente de matériel militaire à l'Iran. En trois mois, la commission d'enquête confiée au sénateur John Tower va explorer les arcanes du pouvoir, auditionner des centaines d'individus, avant de rendre un rapport de 500 pages, levant une partie du voile sur cette affaire qui fera chanceler Ronald Reagan. Tout commence à la fin de l'année 1984, quelques semaines après la réélection de ce dernier à la Maison Blanche. Theodore Shackley, un ancien cadre de la CIA, est approché en Allemagne par Manucher Ghorbanifar, un Iranien bien connu des services occidentaux, qui gravite depuis des années dans le milieu du trafic d'armes à destination de Téhéran. Celui-ci se prétend proche du premier ministre Iranien et lui fait part de la volonté des factions (modérées) de renouer le dialogue avec les Etats-Unis afin de sortir l'Iran de son isolement diplomatique. En fait, il ne s'agit pas de modérés, mais de tous ceux qui à Téhéran derrière Rafsandjani et Mir Moussavi, ont compris que la république islamique ne gagnerait rien à maintenir son isolement, mais qu'il lui fallait au contraire renouer des liens avec l'occident, sans rien céder sur le fond toutefois. Pour appâter son interlocuteur Américain, Manucher Ghorbanifar lui laisse entendre que l'Iran pourrait être prêt à échanger du matériel d'origine Soviétique, contre de précieux missile antichars et antiaériens dont les troupes Iraniennes ont désespérément besoins. En prime les mollahs pourraient intervenir auprès du Hezbollah pour faciliter la libération des otages Américains. L'idée fait son chemin à Langley au point qu'au printemps 1985, la CIA rédige un mémorandum destiné à la Maison Blanche recommandant un changement politique à l'égard de l'Iran. Anticipant le décès de Khomeiny, la centrale de renseignement Américaine suggère le rétablissement entre Washington et Téhéran, afin de ménager l'avenir.

Parallèlement, Michael Ledeen, l'assistant de Robert McFarlane, le conseiller pour la sécurité nationale du président Reagan, rapporte à son patron la proposition que lui aurait faite le premier ministre Israélien, le 5 mai 1985, lors d'un déplacement à Jérusalem. Shimon Peres aurait informé son interlocuteur d'une proposition Iranienne visant à acquérir d'importantes quantités de missiles antichars TOW et antiaériens Hawk. Israël se propose de jouer les intermédiaires, grâce à son réseau de trafic d'armes à destination de l'Iran, mais souhaite obtenir le feu vert des plus hautes autorités Américaines. Dans ce cas, le gouvernement Israélien se dit prêt à reverser aux Etats-Unis les sommes payées par l'Iran pour l'achat des armes. En échange, les Etats-Unis devront s'engager à livrer gratuitement à l'armée Israélienne un nombre équivalent de missiles de dernière génération. Du point de vue Israélien, cette opération doit permettre de moderniser les stocks de Tsahal sans débourser un shekel, tout en réactivant la filière Iranienne mise en sommeil par Menahem Begin et Ariel Sharon après les premiers attentats spectaculaires du Hezbollah contre les troupes d'occupation Israéliennes au Liban.

Depuis, Tsahal s'est retiré de l'essentiel du territoire Libanais et le gouvernement Israélien cherche à renouer le dialogue avec Téhéran pour négocier le rapatriement de nouveaux contingents de juifs Iraniens en Israël. Avec un peu de chance, Israël pourrait même profiter de cette occasion pour accroître ses propres livraisons d'armes à l'Iran, engrangeant ainsi de précieux bénéfices. Jérusalem a donc tout à gagner à convaincre Washington de se lancer dans cette affaire. La conjonction de tous ces éléments convainc Robert McFarlane d'entamer des négociations avec les Iraniens en vue d'échanger des armes contre des otages. Fin juin, Robert McFarlane convainc sans difficulté William Casey de soutenir son projet et obtient l'aval de Reagan. Israël va donc envoyer ses stocks d'armes demander par les Israéliens et par la suite les Etats-Unis recompléteront les stocks des Israéliens une fois reçu l'argent de la transaction. En Israël ce sont David Kimche, directeur général du ministère de la défense, Amiram Nir, conseiller spécial du premier ministre, et Jacob Nimrodi, l'ancien attaché de défense à Téhéran au temps du Chah qui assure la liaison entre le gouvernement Américain et les autorités Iraniennes, via le marchand d'arme Manucher Ghorbanifar, le marchand d'arme Saoudien Adnan Khashoggi est également dans la boucle. Le 20 août 1985, une première livraison parvient en Iran, ainsi que trois semaines plus tard, le 15 septembre, le pasteur Benjamin Weir est libéré à Beyrouth par le Djihad islamique.

Mi-novembre une autre livraison arrive en Iran, mais la cargaison ne convient pas aux Iraniens, par la suite, aucun otage ne fut libérer tant que la livraison convenue ne sera arrivée à bon port, les Iraniens sont très clairs là-dessus. Pour compliquer l'affaire, Manucher Ghorbanifar impose une augmentation de 40 % sur les tarifs des matériels livrés. Les Iraniens furieux, menacent de mettre fin à l'opération. Démoralisé et de plus en plus contesté au cercle du pouvoir, Robert McFarlane démissionne le 5 décembre, officiellement pour raison familiales. Il est remplacé par l'amiral John Poindexter. Celui-ci découvre le dossier et décide de poursuivre l'opération mais il propose de se passer de Ghorbanifar et de traiter directement avec les Iraniens. C'est là qu'intervient le personnages clés de cette histoire, le lieutenant-colonel Oliver North, un baroudeur du corps de Marines qui s'occupe de lutte contre la subversion au sein du conseil pour la sécurité nationale.

Celui-ci propose d'utiliser l'argent versé par les Iraniens pour financer les Contras, des guérilleros anticommunistes qui luttent contre le régime Sandiniste au Nicaragua. L'amiral Poindexter et William Casey sont conquis par cette idées qui leur permet de court-circuiter le congrès afin d'affaiblir une dictature marxiste menaçant l'arrière-cour, sans que cela ne coûte le moindre dollar au contribuable Américain. Par la suite, Washington reprend les transferts d'armes, cette fois sans intermédiaires. Courant février, un millier de missiles TOW et d'importantes quantités de pièces de rechange pour missiles Hawk parviennent en Iran, grâce à des vols charters affrétés directement par la CIA. Agacés par les atermoiements Américains, les Iraniens refusent de libérer de nouveaux otages, faisant monter les enchères. Ils réclament un nombre plus important de missiles, de même que la libération de prisonniers chiites Koweïtiens et celle d'une cinquantaine de combattants du Hezbollah détenus au Sud-Liban par les Israéliens. Les autorités Israéliennes sont ravies, car cela leur permet de revenir dans la négociation et d'imposer que les futures livraisons d'armes se fassent de nouveau par leur intermédiaire. Les Iraniens demandent également aux Américains de leur fournir des renseignements sur le dispositif Irakien.

Le vice-président Georges Bush se rend au Koweït où il compte faire pression sur les autorités locales et tenter de les convaincre de libérer un certain nombre de prisonnier chiites condamnés à mort après les attentats de décembre 1983. Il obtient de l'émir du Koweït que ceux-ci ne soient pas exécutés. C'est toutefois insuffisant pour les Iraniens de revenir à la table des négociations. Jouant le tout pour le tout, l'amiral Poindexter autorise la livraison d'un nouveau lot de 500 missiles TOW à Téhéran, cette fois par la filière Israélienne. Il forme également une petite équipe d'expert Américains qu'il envoie négocier directement dans la capitale Iranienne la libération des otages, afin de s'affranchir de la mainmise de Manucher Ghorbanifar. Il confie la direction de cette délégation à Robert McFarlane, qui voit là l'occasion de revenir au jeu. C'est la première fois que des représentants Américains se rendent en Iran depuis la rupture des relations entre les deux pays. Le 25 mai 1986, ce petit groupe d'expert rencontre à Téhéran des représentants du gouvernements Iranien. De fait, les discussions flottent, car à chaque proposition Américaine, les Iraniens doivent en référer à leur autorité de tutelle. L'ancien conseiller à la sécurité s'agace de cette perte de temps et finit par mettre les Iraniens au pied du mur : soit ils libèrent immédiatement un otage en signe de bonne volonté, soit la partie Américaine rompt les négociations. Le pouvoir Iranien se montrant incapable d'organiser cette libération en quelques heures, la délégation Américaine rentre bredouille à Washington.

La négociation se poursuit par la suite à un rythme accéléré, le 26 juillet, le père Jenco est libéré à Beyrouth. Une semaine plus tard, le gouvernement Américain fait parvenir en Iran un nouveau lot de pièces de rechanges qui permettent à l'armée Iranienne de remettre en service près d'une centaine de missiles Hawk. Mi-septembre, une délégation Iranienne se rend en toute discrétion à Washington pour approfondir les discussions qui se poursuivent en octobre, cette fois en Allemagne. Le 28 octobre, les Etats-Unis livrent un nouveau lot de 500 TOW aux Iraniens. Le 2 novembre, David Jacobsen est libéré à Beyrouth, après plus d'un an et demi passé en captivité. Ce sera le dernier otage Américain libéré pendant la durée de la guerre, car le lendemain, le scandale de l'Irangate éclate à la face du monde et met l'administration Américaine dans une posture extrêmement délicate.

En quinze mois, les Etats-Unis n'auront obtenu la libération que de trois otages (sur cinq) en échange de la livraison à l'Iran de 2 500 missiles TOW et l'équivalent de 300 missiles Hawk. Il y a eu une fuite sur cette affaire car à Téhéran, certains ont organisé des fuites pour torpiller ces négociations, car le rapprochement entre l'Iran et les Etats-Unis inquiète les tenants de la faction qui prône l'autarcie et s'inquiète de voir la république islamique renouer avec l'ancienne puissance nucléaire. Ali Khamenei, l'ayatollah Montazéri et quelques autres, constatent que ce rapprochement renforce la stature de Rafsandjani et le place en situation avantageuse dans la course à la succession du guide. Il est donc crucial de leur point de vue, de faire capoter cette ouverture en direction des Etats-Unis. Face au scandale, la Maison Blanche n'a d'autre choix que de mettre un terme à cette tentative de rapprochement avec l'Iran et d'ordonner à Israël de faire de même, car le rôle d'intermédiaire joué par le gouvernement Israélien éclate lui aussi au grand jour, compliquant la donne géopolitique pour Washington. A Bagdad, Saddam Hussein fulmine à l'encontre des Américains qu'il accuse de double-jeu. Il traite Donald Reagan et Donald Rumsfeld de tous les noms. Cette affaire le convainc définitivement qu'il est illusoire d'espérer une entente durable avec les Etats-Unis. Il est encore plus furieux lorsqu'il apprend qu'à la fin de l'année 1985, Washington a livré à Téhéran des images satellitaires montrant le détail du déploiement militaire Irakien le long du front, aidant ainsi à la capture de la péninsule de Fao par l'Iran. Il sait qu'il lui faut pour l'instant ménager la Maison Blanche, puisque le Kremlin semble vouloir se détourner de lui et que les Européens rechignent à lui vendre des armes, prétextant l'insolvabilité de son pays. En fin politique, il décide de culpabiliser ses interlocuteurs Américains en leur demandant d'accroître leur assistance financière et leur coopération technique. Penauds, les Américains livreront aux Irakiens toujours plus de renseignements qui leur permettront d'affiner leur perception du dispositif Iraniens. Ils fermeront également les yeux sur l'usage massif d'armes chimiques par l'Irak. Quant aux otages Américains encore détenus au Liban, il leur faudra attendre 1991 pour être libérés, après que tous les détenus chiites impliqués dans des attentats au Koweït, en Europe ou contre l'armée Israélienne présente au Sud-Liban auront été libéré, que la guerre civile Libanaise se sera terminée, que les avoirs du Chah auront été restitués et que le président Iranien Rafsandjani aura publiquement encouragé le retour des capitaux occidentaux dans son pays.

Une année décisive

En ce tout début d'année 1988, alors que la guerre entre dans sa huitième année, les Iraniens s'abstiennent de lancer leur traditionnelle offensive d'hiver, faute de moyens matériels et financiers. Les caisses de l'état sont désormais presque vides et à l'approche des élections législatives, Akbar Hashemi Rafsandjani ne souhaite pas provoquer un nouveau bain de sang qui pourrait ternir son image au parlement. Le front reste donc relativement calme, à l'exception de quelques actions de harcèlement conduites par les Pasdarans, principalement au Kurdistan Irakien.

Pour tenter d'enrayer la diminution des effectifs liée aux pertes colossales subies l'année précédentes, aux désertions de plus en plus nombreuses et aux maladies réelles ou imaginaire qui sévissent dans les tranchées, le pouvoir est contraint d'allonger la durée du service militaire. Toujours prêt à jeter un pavé dans la mare, l'ayatollah Montazéri propose de fusionner l'armée régulière avec celle des gardiens de la révolution, s'attirant les foudres de l'une et de l'autre car chacun tient à sa spécificité et à ses privilèges. Le conseil supérieur de défense, Hassan Rohani en tête, s'oppose donc à cette proposition tout en préparant la prochaine action d'envergure qui devrait se dérouler au Kurdistan Irakien, dès la fonte des neiges. Quant à l'armée Irakienne, elle profite de ce répit pour se professionnaliser et adopter une nouvelle doctrine interarmées lancer par le général Aladin Hussein Makki. Durant l'hiver, l'armée Irakienne manœuvre sans relâche dans une zone marécageuse comprise entre le Tigre et l'Euphrate où les sapeurs ont reconstitué le type de terrain caractérisant la péninsule de Fao. Les unités Irakienne se succède pour mettre au point les meilleures tactiques permettant d'isoler, puis d'enfoncer le dispositif ennemi. Les armements sont modernes, nombreux et bien adaptés au combat mécanisé. De nouveaux chars, blindés et canons viennent remplacer le matériel vieillissant au sein des meilleurs unités. La garde républicaine constitue désormais un corps de bataille à part entière, constitué de 6 divisions d'élite capables de manœuvrer très rapidement et de créer un effet de choc dévastateur sur n'importe quel secteur du front. Ce saut qualitatif affecte également les structures de commandement, car la professionnalisation du corps des officiers a porté ses fruits. L'armée Irakienne de 1988 n'a plus grand-chose à voir avec celle de 1980. Pour la première fois depuis le début de la guerre, l'Irak aligne plus de combattant que l'Iran, soit un peu plus de 800 000 hommes. L'Irak achève également la construction de nombreuses routes qui améliorent le ravitaillement contrairement aux Iraniens qui peinent dans la logistique, mais surtout la construction de l'autoroute à six voies reliant Bagdad à Bassora, qui slalome le long de l'Euphrate et doit permettre le basculement de l'armée Irakienne du front nord au front sud en moins de 48 heures, grâce à une armada de 3 000 remorques porte-chars. Saddam Hussein et ses généraux sont convaincus que le temps est venu de repasser à l'offensive pour libérer les territoires conquis par l'Iran. Pour cela, il faut pouvoir concentrer leurs forces sans laisser à l'adversaire le temp de se ressaisir. En attendant, l'Irak poursuit ses frappes contre l'infrastructure pétrolière et les supertankers qui viennent s'approvisionner aux terminaux de Levan, Sirri et Larak.

Téhéran déclenche la guerre des capitales

Le 27 février 1988, l'aviation Irakienne ravage la raffinerie pétrolière de Téhéran. Les autorités Iraniennes ripostent en bombardant Bagdad, à la fois pour montrer au pouvoir Irakien qu'elles restent capables de le frapper au cœur tout en espérant l'entraîner dans une nouvelle guerre des villes qui permette de soulager la pression subie par l'industrie pétrolière. Elles entendent également signifier qu'elles disposent d'un nouveau stock de missiles grâce à l'assistance de la Corée du Nord. Le 28 février, trois Scud-B s'abattent sur la capitale Irakienne et un quatrième sur Tikrit, la ville natale de Saddam Hussein. La provocation est manifeste. Le dictateur Irakien relève le gant et ordonne le tir, dès le lendemain, d'une salve d'intimidation de 5 missiles d'un type nouveau contre Téhéran.

Ce faisant, il montre aux Iraniens, tout comme au reste du monde, qu'il dispose désormais de missiles capables de frapper directement Téhéran, mais aussi Israël ou d'autres pays de la région si cela s'avérait nécessaire. Depuis deux ans et demi, ses ingénieurs, assistés de scientifiques Soviétiques, ont bien travaillés dans le cadre du programme 144, modifiant les Scud-B livrés par Moscou entre 1985 et 1988 de manière à doubler la portée (650 kilomètres) en réduisant de moitié la charge militaire (500 kilos). Grâce à ses missiles baptisés Al-Hussein en hommage à l'imam chiite, Saddam Hussein sait qu'il peut concentrer son aviation sur les frappes des infrastructures pétrolières Iraniennes, afin d'accroître davantage la pression sur l'adversaire. Le moment lui semble d'autant mieux choisi que les Iraniens s'apprêtent à élire un nouveau parlement et qu'il espère que cette campagne de terreur renforcera les partis favorables à la cessation des hostilités. Il décide d'engager dans cet ultime épisode de la guerre des villes ses derniers Tupolev-22 et les quelques MIG-25 modifiés pour les missions de bombardements à très haute altitude. Ces appareils conduiront une quarantaine de raids nocturnes contre Téhéran, Qom, Chiraz et Ispahan ; 2 Tu-22 et 3 MIG-25 seront abattus par la chasse Iranienne.

De leur côté, les Iraniens mobilisent une poignée de Phantom dont les équipages bravent courageusement la défense antiaérienne de la capitale Irakienne pour bombarder Bagdad et sa banlieue. Pendant 52 nuits, l'Irak frappera Téhéran à raison de 3 ou 4 missiles Al-Hussein par jour. La brutalité et la régularité des frappes Irakiennes choqueront les habitants de Téhéran. Ils craindront des frappes chimiques et quitteront Téhéran pour se réfugier à la campagne, désorganisant par là même un peu plus l'activité économique du pays et le fonctionnement des services publics. En quelques semaines, la capitale se videra du tiers de ses habitants. Par mesure de précaution, Khomeiny sera évacué vers une clinique médicalisée de province. De leur côté, les Iraniens riposteront en tirant quotidiennement un ou deux Scud sur Bagdad. Les bombardements cesseront finalement faute de munitions. Le 20 avril 1988, lorsque les deux belligérants stoppent leurs frappes d'un commun accord, grâce à la médiation du secrétaire général des nations unies, l'Iran ne dispose plus que de 5 Scud et l'Irak d'une dizaine d'Al-Hussein. Au total, les Irakiens lanceront 193 missiles (189 Al-Hussein et 4 Scud-B) sur les principales villes Iraniennes, dont près de trois quarts sur Téhéran. De leur côté, les Iraniens auront lancé 77 Scud-B sur les villes Irakiennes, sans compter les centaines de roquettes Oghab qui tomberont sur les bourgades proches de la frontière ; 1 500 civils Iraniens seront tués, contre 300 Irakiens.

Le gazage des Kurdes

Le 13 mars 1988, les généraux Sohrabi et Chirazi déclenchent une offensive de grande ampleur au Kurdistan Irakien, dont les deux volets sont baptisés (Aurore 10 et Mahdi). Le premier vise à s'emparer du barrage de Doukan, à une trentaine de kilomètres au nord de Souleimanieh. Le second cible la bourgade de Halabja, qui verrouille l'accès au barrage de Darband Khan, un peu plus au sud. En cherchant à s'emparer des deux plus grands barrages hydroélectrique du pays, les Iraniens espèrent priver l'Irak d'une partie importante de son électricité, de manière à accroître la pression sur le régime Baassiste.

Une fois encore, le pouvoir Iranien applique une stratégie asymétrique. Puisque Téhéran ne peut réduire de manière significative les exportations pétrolières de l'Irak, il s'en prend à ses ressources électriques sans lesquelles son industrie pétrolière ne peut fonctionner à plein régime. Pour parvenir à leurs fins, les généraux Iraniens ont mobilisé 14 divisions (11 d'infanterie, 1 mécanisée et 2 d'artillerie) sur le front nord, soit le tiers de leurs forces armées. Ils ont regroupé sur place leurs meilleurs troupes de choc, notamment les corps Al Qods et Fatah, de même que la 55e division parachutiste. Le reste du front n'est tenu que par un mince rideau de fantassins appuyés par les 5 divisions blindées et les 1 200 chars dont disposent encore les Iraniens. En face, les Irakiens alignent 10 divisions d'infanterie au sein des 1er et 5e corps commandés respectivement par les généraux Kamel Sajid et Talal Douri. Le 14 mars, malgré un formidable tir de barrage, la 55e brigade de parachutiste et la 84e division mécanisée anéantissent la 43e division Irakienne, percent le front et s'emparent de Halabja. Les troupes Iraniennes poursuivent en direction du barrage de Darband Khan, mais son stoppées par l'intervention massive de l'aviation et des troupes de réserve Irakiennes. Pendant ce temps, un peu plus au nord, 2 divisions de Pasdarans déployées près de Mawat bousculent les défenseurs Irakiens et s'emparent du barrage de Doukan. La 66e brigade de commandos, qui était censée le défendre, s'est repliée devant le rouleau compresseur Iranien, sans en avoir reçu la permission. Son commandant, le colonel Jafar Sadeq, est immédiatement convoqué à Bagdad pour y être entendu. Bien qu'il le connaisse et apprécie son courage, Saddam Hussein se montre intraitable et le fait exécuter. D'autres officiers impliqués dans la bataille d'Halabja le suivent dans la tombe. Alors qu'il s'apprête à repartir à l'offensive dans le secteur de Fao, le pouvoir Irakien entend motiver ses troupes, par la crainte si nécessaire. C'est la raison pour laquelle il décide de frapper un grand coup pour punir tous ceux qu'il juge responsables de ce revers, à commencer par la population Kurde de Halabja qu'il accuse d'avoir pactisé avec l'ennemi pour faciliter la capture de cette petite ville des hauts plateaux, située à quelques kilomètres à peine de la frontière.

Saddam Hussein ordonne à son cousin Ali Hassan al-Majid, proconsul en charge des provinces Kurdes, d'intensifier l'opération Anfal et de raser Halabja à l'arme chimique et à l'artillerie. Il espère ainsi faire d'une pierre deux coups en tuant un maximum de rebelles Kurdes et de soldats Iraniens retranchés dans cette bourgade. Le 16 mars 1988, en début de matinée, une dizaine de MIG-23 survolent Halabja à très basse altitude, larguant les bidons de napalm qui enflamment une partie de la ville et dressent autour d'elle des murailles de feu. Plusieurs appareils aériens surgissent dans la foulée et répandent un cocktail mortel d'agent chimiques mêlant ypérite, phosgène et gaz neurotoxique tabun et sarin. L'artillerie se déchaîne ensuite pendant plusieurs heures, achevant le carnage. En fin d'après-midi, des reporters Iraniens qui se trouvait à proximité pour couvrir la prise d'Halabja pénètrent dans la bourgade et découvrent un véritable charnier à ciel ouvert. Ces images de douleur feront rapidement le tour du monde et contribueront à isoler le régime Irakien, convainquant la communauté internationale de l'urgence de mettre un terme aux hostilités. Les secours Iraniens dénombreront plus de 3 000 tués, sans qu'il soit possible de déterminer la proportion exacte de civils. Bien d'autres mourront par suite. Le bilan de ce massacre, qui fait toujours débat aujourd'hui, oscillera entre 3 000 et 5 000 morts et près de 10 000 blessés. Les Irakiens essaieront de se disculper en affirmant que les Iraniens avaient eux aussi tiré des obus chimiques sur Halabja pour s'emparer de la ville.

Une chose est sûre, le gazage de Halabja stoppe net l'offensive Iranienne, le nombre important de victimes militaire ayant convaincu Téhéran de l'effet potentiellement dévastateur de nouvelle frappes chimiques. L'armée régulière et les Pasdarans, qui ont conquis 600 kilomètres carrés en trois jours et renforcé leur emprise autour de Souleimanieh, se retranchent sur leurs nouvelles positions en attendant la contre-offensive Irakienne. Contre toute attente, ce sont les Turcs qui réagissent. Ankara hausse le ton et menace de fermer sa frontière avec l'Iran si Téhéran poursuit son offensive au Kurdistan Irakien. Cela reviendrait, pour le régime Iranien, à fermer l'un des principaux robinets qui le maintiennent sous perfusion, accélérant sa ruine économique. En cette période préélectorale, le pouvoir Iranien ne se laisse pas impressionner et affiche la plus grande fermeté à l'égard de ses voisins. Le 27 mars, son aviation bombarde le poste frontalier de Habour qui fait office de principal point de passage routier entre la Turquie et l'Irak. Depuis le début de la guerre, c'est la première fois que l'Iran s'en prend directement au territoire Turc. Ankara rapatrie aussitôt plusieurs divisions dans le secteur et multiplie les patrouilles aériennes, menaçant d'intervenir militairement. L'avertissement porte. Le flux commercial vital pour l'Iran ne sera pas interrompu et le gouvernement Turc n'aura plus à déplorer la moindre provocation.

L'armée Irakienne reconquiert la péninsule de Fao

Le relatif succès de l'offensive Iranienne place le pouvoir Irakien devant un dilemme. Comment utiliser au mieux le corps de bataille mécanisé qu'il a patiemment reconstitué depuis dix-huit mois ? Faut-il contre-attaquer immédiatement au Kurdistan Irakien pour réduire l'emprise Iranienne et reprendre le contrôle du barrage de Doukan, comme s'y attendent les Iraniens ? Ou bien ne vaut-il mieux pas frapper ailleurs, là où l'adversaire n'est pas forcément bien préparé à encaisser le choc d'une offensive majeur ? A l'issue d'une longue réunion entre Saddam Hussein, son gendre Hussein Kamel, Adnan Khairallah et le général Khazraji, c'est la seconde option qui est finalement retenue. Le relief du Kurdistan ne se prête pas aux manœuvres blindées, et de hauts plateaux contrôlés par la guérilla Kurde rendent plus délicate la coordination d'une offensive de grande ampleur. Le pouvoir Irakien décide donc de temporiser sur le front nord, pour reporter tous ses efforts sur le front sud et reconquérir la péninsule de Fao qui constitue le point le plus faible du dispositif Iranien. En reprenant le contrôle de cette péninsule, l'Irak pourra accroître ses exportations de pétrole grâce à la toute nouvelle section d'oléoduc reliant Bassora à la base navale d'Oum Qasr, qui permet désormais à des pétroliers de moyen tonnage de venir s'y ravitailler. Pour se donner le maximum de chances de surprendre les Iraniens, le pouvoir Irakien conçoit un plan de déception élaboré. Il prélève ostensiblement plusieurs divisions du front centre, pour les expédier près de Kirkouk et Souleimanieh. Il multiplie les manœuvres et l'activité radio dans ce secteur. Le ministre de la défense se rend sur place pour inspecter les unités. Il ne contredit pas les correspondants de guerre qui l'accompagnent et qui parient sur l'imminence d'une offensive au Kurdistan. Il ordonne à ses commandos d'intensifier les missions de reconnaissance dans ce secteur.

Parallèlement, Adnan Khairallah déploie discrètement 5 divisions de la garde républicaine au sud de Bassora. Celles-ci sont rejointes par 3 divisions en provenance des 3e et 4e corps d'armée. Tous les mouvements s'effectuent de nuit, en silence radio total. En deux semaines, l'état-major parvient à masser 100 000 hommes en bordure de la péninsule de Fao, ainsi que 2 500 blindés (dont 1 200 chars), 1 400 canons et une centaine d'hélicoptères de combat. Ces forces sont réparties en 12 divisions (3 blindées, 2 mécanisés, 6 d'infanterie et une de forces spéciales) redoutablement armées et bien entraînées. En face, les Iraniens n'alignent que deux divisions d'infanterie amoindries, épaulées par une division d'artillerie et quelques bataillons de sapeurs. L'ensemble totalise à peine 20 000 hommes, une centaine de chars et 150 canons. Les Irakiens disposent donc d'un rapport de forces écrasant en leur faveur. Pour mettre toutes les chances de leur côté, ils ont décidé d'attaquer le premier jour du ramadan, misant sur la fatigue des combattants Iraniens absorbés par le jeûne et la prière. Ils savent qu'en ce début de mois sacré, le commandement Iranien organise traditionnellement une vaste rotation de troupes pour permettre aux soldats présents sur le front de rendre visite à leur famille. En frappant ce jour-là, ils espèrent tomber au moment où l'effectif est le plus bas, la relève n'étant pas encore arrivée. C'est tout naturellement qu'ils baptisent leur offensive Ramadan al-moubarak (ramadan béni). Les Iraniens ne se doutent de rien. Ils sont persuadés que la contre-offensive Irakienne surviendra au Kurdistan. Sur le front sud, n'anticipant aucune menace, ils offrent un jour de repos exceptionnel à leurs soldats pour leur permettre de fêter dignement le début du jeûne.

Le 17 avril 1988, à 4 h30 du matin, peu après l'appel à la prière marquant le début du ramadan, l'armada Irakienne se met en branle en direction des lignes Iraniennes. Le plan est simple : il s'agit d'une manœuvre en pinces des plus classiques, visant à percer le dispositif ennemi à ses deux extrémités, de manière à converger vers son centre de gravité (Fao) en encerclant les unités prises au piège. Le général Ayad Fayid Rawaï, chef de la garde républicaine, commande à la fois l'aile droite Irakienne et l'ensemble de l'opération. Il a sous ses ordres les 5 division de la garde qui doivent s'emparer de la route côtière longeant le sud de la péninsule de Fao. Plus au nord, le général Maher Abdel Rachid commande l'aile gauche constituée de 4 divisions du 7e corps chargées de progresser le long du Chatt el-Arab en direction de Fao. C'est lui qu'échoit la mission la plus délicate, car les Iraniens sont solidement retranchés le long du fleuve. Une fois de plus, Maher Abdel Rachid paie son arrogance et son ambition démesurée. Nombre de ses pairs ne seraient pas fâchés de le voir en difficulté. En quelques heures, les unités de pointe percent le rideau de troupes Iraniennes assommées par un formidable tir de barrage. Pour désorganiser un peu plus l'adversaire, le général Rawaï ordonne une frappe chimique massive sur les avant-postes ennemis. De manière imprévue, le vent forcit et change brusquement de direction, poussant les nuages empoisonnés en direction des lignes Irakiennes ! Les soldats Irakiens, surpris subissent cette attaque inattendue qui leur cause près de 200 morts et plusieurs centaines de blessés graves. Pendant ce temps, l'aviation Irakienne détruit les 3 ponts flottants jetés en travers du Chatt el-Arab, isolant ainsi les troupes Iraniennes coincées dans la péninsule. Les pilotes ont mis au point une nouvelle tactique de bombardement qui se révèle très efficace. Des Su-22M tirent à distance de sécurité des missiles Kedge qui sont guidés par faisceau laser émis par les Mirages F-1 équipés de nacelles de désignation Atlis.

Les résultats sont spectaculaires et les éléments de ponts flottants coulent les uns après les autres. Les aviateurs Irakiens détruisent également deux des principaux ponts du fleuve Karoun, au niveau de Khorramchahr, empêchant ainsi les Iraniens d'acheminer des renforts en direction de Fao. La marine n'est pas oubliée et participe-elle aussi à la reconquête de la péninsule : 200 nageurs de combats traversent le Chatt el-Arab pour conduire des attaques de diversion, pendant que plusieurs bataillons d'infanterie de marine débarquent le long de la route côtière pour appuyer la progression de la garde républicaine. Ils sont appuyés par les tirs de saturation de deux bâtiments d'assaut amphibies de classe Polnocny transformés en navires lance-roquettes. Les conscrits Iraniens cèdent partout du terrain et se replient en direction de Fao. Les hélicoptères de combat survolent les colonnes de fuyards et les mitraillent impitoyablement, transformant leur retraite en déroute. A bord de l'un d'eux, Oudaï, le fils aîné de Saddam Hussein, épuise ses munitions en se donnant l'illusion de faire la guerre. Le 17 avril en soirée, les Irakiens ont progressé d'une trentaine de kilomètres, dépassant tous les objectifs qui leur avaient été fixés pour la journée.

Le lendemain, ils s'emparent de Fao. La victoire est totale. L'état-major Irakien est lui-même surpris d'un tel succès : en 36 heures, ses troupes d'élites ont reconquis la tête de pont qui leur résistait depuis plus de deux ans. Elles ont tué près de 5 000 Iraniens et en ont capturé un peu plus de 10 000, s'emparant au passage de l'ensemble des chars et des canons Iraniens abandonnés tels quels sur le champ de bataille. Les troupes Irakiennes ont mis la main également sur la précieuse batterie de missiles Silkworm qui harcelait le terminal Koweïtien d'Al-Ahmadi depuis plus d'un an. Face à ce bilan impressionnant, elles ne déplorent la perte que de 800 combattants et d'une vingtaine de blindés. Saddam Hussein est euphorique et distribue des Mercedes à tour de bras ! Il se rend même par surprise à la Mecque, dès le lendemain, pour y effectuer un pèlerinage, remerciant publiquement Dieu de lui avoir accordé une aussi grande victoire. Ce déplacement lui sert de prétexte pour remercier le roi Fahd de son soutien financier sans faille. Ce succès Irakien a un impact immédiat pour l'Iran qui ne peut plus tirer de missiles Silkworm contre le territoire Koweïtien. Du coup, le 20 avril, les mollahs ordonnent le tir d'un missile Scud contre le terminal d'Al-Ahmadi, signifiant par la même à l'émir Jaber qu'ils peuvent toujours l'atteindre si nécessaire, quitte à rajouter de l'huile sur le feu.

L'ayatollah Khomeiny entérine la fin des hostilités

Après le succès de l'opération Tawakkalna'ala Allah lancer par l'armée Irakienne, dans la nuit du 14 au 15 juillet 1988, les dirigeants Iraniens se réunissent en urgence à Téhéran pour évaluer la situation, car il apparaît désormais que l'Iran court à la catastrophe en poursuivant de manière obsessionnelle cette guerre qui a tourné à son désavantage. Pour les conseillers de Khomeiny, le pouvoir a trop tiré sur la corde, les caisses sont vides, les pertes trop importantes, les déboires récents ont démontré l'inadéquation des forces armées. Le marine et l'aviation ne sont plus en état de faire face à une intervention aéronaval occidental.

Le spectre d'une reprise de la guerre des capitales tempère les ardeurs des plus belliqueux, surtout que l'Iran doit sortir de son isolement pour relancer son économie et procéder à un long réarmement qui prendra des années. A l'issue d'une réunion, les dirigeants Iraniens acceptent la proposition de Saddam Hussein et s'entendent pour mettre fin à la guerre. Le 15 juillet 1988, Akbar Hashemi Rafsandjani annonce publiquement le retrait des troupes Iraniennes du Kurdistan Irakien. Le 17 juillet, à l'occasion du vingtième anniversaire de l'accession du parti Baas au pouvoir, Saddam Hussein énumère les cinq conditions nécessaires : négociations directes entre les deux parties, lancement immédiat des travaux de déblaiement du Chatt el-Arab par les Nations Unies, garantie de libre navigation pour l'Irak dans le Golfe, arrêt des attaques Iraniennes contre le trafic maritime et échange de prisonniers. Pour preuve de bonne volonté et pour permettre au pouvoir Iranien de sauver la face, le président Irakien ordonne à ses troupes de se replier sur la frontière internationale et d'abandonner les territoires récemment conquis en Iran. Suite à cela, après moulte discussion entre Rafsandjani et l'ayatollah Khomeiny, ce dernier accepte sans condition l'ensembles des termes de la résolution 598 adoptée un an plus tôt par le conseil de sécurité. Cette lettre stipule que le cessez-le-feu deviendra effectif un mois plus tard. Le 19 juillet 1988, le régime Irakien par la voix de Tarek Aziz, se réjouit de l'annonce Iranienne, mais déclare que les opérations militaires continueront jusqu'à la confirmation du sérieux des intentions Iraniennes.

Derniers combats

Le secrétaire général de l'ONU, Javier Pérez de Cuéllar, invite aussitôt les deux ministres des affaires étrangère Irakien et Iranien à se retrouver à New York pour entamer les négociations visant à définir les modalités du cessez-le-feu. La délégation Iranienne lui fait savoir qu'elle refuse toute négociation directe avec des représentants Irakiens, puisque Téhéran considère le régime de Saddam Hussein comme illégitime. Puisque les mollahs tergiversent, Saddam Hussein repasse à l'offensive. Le 22 juillet 1988, il déclenche l'opération Tawakkalna'ala Allah 4 dans le secteur de Qasr-e-Shirin, sur le front centre, et dans celui de Hoveyzeh, sur le front sud. Il s'agit d'une opération coup de poing destinée à faire pression sur Téhéran en s'emparant de nouveaux territoires. Il engage dans cette opération toute ses divisions blindées et mécanisées, de même que l'ensemble de la garde républicaine. En quatre jours, les Irakiens progressent d'une cinquantaine de kilomètres et capturent plus de 8 000 prisonniers. Au centre, ils se sont emparés de Qasr-e-Shirin et ont poursuivi jusqu'à Zahab et Geilan Zarb, s'ouvrant la route à Kermanchah. Au Khouzistan, ils ont pris le contrôle de Hoveyzeh et ont poursuivi leur percée jusqu'à Hamid atteignant les berges du fleuve Karoun, à une quarantaine de kilomètres d'Ahwaz. C'est dans ce contexte que, le 26 juillet 1988, Tarek Aziz et Ali Akbar Velayati entament les entretiens séparés à New York avec Javier Pérez de Cuéllar. Les discussions achoppent rapidement sur trois points : l'acceptation de l'accord d'Alger de 1975 et l'échange des prisonniers de guerre, car de part et d'autre, un certain nombre de captifs ne souhaitent pas rentrer dans leur pays d'origine, soit pour des raisons idéologiques, soit par peur de représailles.

Pour accroître la pression sur Téhéran, Saddam joue sa dernière carte : l'opération Lumière éternelle. Le 25 juillet 1988, il lance les Moudjahidin du peuple de Massoud Radjavi en direction de Kermanchah, puisque la route de cette ville est désormais ouverte. Il espère ainsi faire d'une pierre deux coups en rallumant la révolte en Iran et en se débarrassant de l'ALNI qu'il juge trop encombrante. Pendant 24 heures, les Moudjahidin du peuple progressent d'une centaine de kilomètres sans rencontrer de véritable résistance. Furieux et inquiet de voir la flamme de la résistance se rallumer, le pouvoir Iranien lance aussitôt une contre-attaque impitoyable qu'il baptise opération Mersad (embuscade) et qui n'a qu'un seul mot d'ordre : pas de prisonnier ! Pendant trois jours, les généraux Chahbazi et Chirazi engagent leurs dernières forces blindées et mécanisées contre la colonne de Moudjahidin qui appellent en vain, l'aviation Irakienne à la rescousse. Les Iraniens tuent plusieurs milliers de Moudjahidin et refoulent les survivants en direction des lignes Irakiennes. Parallèlement, les mollahs exécutent sommairement plusieurs milliers de Moudjahidin qui croupissent depuis des années dans les geôles Iraniennes. Les derniers jours de juillet, Bagdad lance une dernière série de raids contre les installations pétrolières Iraniennes et la centrale nucléaire en construction de Bouchehr.

Les pressions militaires et diplomatiques convainquent le pouvoir Iranien d'accepter, le 6 août des négociations directes. Ce jour-là, Saddam Hussein donne son accord pour un cessez-le-feu à condition que Téhéran en reconnaisse expressément tous les termes et que Bagdad recouvre ses droits de navigation sur le Chatt el-Arab, conformément aux dispositions antérieures au déclenchement des hostilités. Il reconnait par là même implicitement la validité de l'accord d'Alger, refermant ainsi la parenthèse d'une guerre absurde et terriblement meurtrière qu'il aurait pu éviter. Dès le lendemain, le gouvernement Iranien confirme les termes du cessez-le-feu, accepte le principe d'une négociation directe et reconnaît le droit de libre passage sur le Chatt-el-Arab. Les combats cessent dans la foulée. Les Irakiens se retirent progressivement des territoires qu'ils viennent d'occuper. Le 20 août 1988, à l'aube, le cessez-le-feu entre officiellement en vigueur le long du front qui court plus ou moins le long de la frontière internationale. La guerre est terminée. Ella aura duré sept ans et onze mois. Une force d'interposition de 350 observateurs, mandatée par les nations unies, se met aussitôt en place le long de la ligne de cessez-le-feu, pour surveiller son application et rapporter les nombreux incidents qui surviendront les mois suivants. Cette force, créée par la résolution 619 du conseil de sécurité (9 août 1988), sera dirigée par le Suédois Jan Eliasson, représentant sur place du secrétaire général des nations unies, et par le général Yougoslave Slavko Jovic. Excluant d'emblée les pays arabes et les membres permanents du conseil de sécurité, elle sera constituée d'observateurs militaires provenant de 26 pays. Cette force d'interposition sera démantelée en février 1991, au début de la seconde guerre de Golfe. La fin des hostilités ne signifie pas l'arrêt des problèmes pour un certain nombre de pays très impliqués dans le conflit et restant engagés dans un bras de fer diplomatique douloureux avec le régime Iranien qui détient toujours de nombreux otages occidentaux.

L'après-guerre

Dès l'entrée en vigueur du cessez-le-feu, Saddam Hussein s'empresse de crier victoire et d'annoncer la construction à Bagdad d'un arc de triomphe imposant, sous la forme de deux poings d'acier enserrant deux sabres entrecroisés. Ce monument, passé à la postérité sous le nom des Sabres de Qadisiya, deviendra le symbole de la victoire de Saddam sur l'ennemi de toujours. Il est bien conscient d'avoir remporté une victoire à la Pyrrhus, il connaît l'état catastrophique des finances Irakiennes. Il se trouve en fait devant un dilemme cornélien : soit démobiliser l'armée et réinsérer dans la vie civile de nombreux individus marqués par la guerre qui iront grossir les rangs des chômeurs, soit maintenir l'armée sous les drapeaux, sachant que dans ce cas, il lui faudra trouver à l'occuper tout en engrangeant de nouvelles recettes pour l'entretenir. Car en huit ans, l'effectif des forces armées a quadruplé, mais les recettes pétrolières ont diminué de moitié.

Le 24 août 1988, à Genève, Tarek Aziz et Ali Akbar Velayati entament des négociations directes de paix. Pendant ce temps, l'armée Irakienne met à profit l'arrêt des hostilités avec l'Iran pour se retourner contre la guérilla Kurde et pourchasser les Peshmergas de l'UPK, du PDK et du PSK, suscitant des réactions d'indignation dans le monde. Le 3 septembre, Ali le chimique proclame fièrement la fin de l'opération Anfal et la libération totale du territoire Irakien, annonçant l'anéantissement de la rébellion Kurde. Ses combats ont coûté la vie à 400 soldats Irakiens et à déclencher l'exode d'environ 100 000 Peshmergas et leurs familles vers la Turquie, la Syrie et l'Iran. Le 19 novembre 1988, lors d'un discours au parlement, Rafsandjani exclut l'hypothèse d'une reprise des hostilités. Cinq jours plus tard, Téhéran et Bagdad procèdent à l'échange des prisonniers blessés, ouvrant la voie à l'échange des autres prisonniers pendant plus de deux ans. Le 29 décembre 1988, les deux gouvernements acceptent de mettre en place une commission militaire conjointe destinée à consolider l'application du cessez-le-feu et éviter que des incidents ne rallument le conflit. De part et d'autre, les deux armées retrouvent leur posture d'avant-guerre.

Enseignements militaires

Le guerre Iran-Irak constitue la dernière guerre totale du 20e siècle, au cours de laquelle deux nations se sont combattues sans restriction, engageant tout leur potentiel humain, matériel, économique et politique. Il symbolise à lui seul un condensé de la guerre au 20e siècle, car il comporte des éléments de ressemblance aussi bien avec la première guerre mondiale (combat de tranchées, recours aux vagues humaines et aux gaz de combat), qu'avec la seconde (utilisation des blindés, bombardement des villes, guerre économique), ou bien encore avec le conflit Israélo-Arabe (batailles aériennes de jets au-dessus du désert, utilisation extensive de missiles) et les guerres insurrectionnelles de type Algérie et Vietnam (embuscades dans les djebels rocailleux, infiltration à travers les marécages). Les techniques de combat les plus prosaïques ont côtoyé les plus sophistiquées.

Cette guerre a montré que la qualité ne compensait pas toujours le nombre, et inversement. Elle a montré une fois de plus, qu'il était impossible de l'emporter sans une vision claire des objectifs recherchés et sans une stratégie cohérente s'appuyant sur une doctrine adaptée d'emploi des forces. Elle rappelle l'importance capitale du renseignement, de l'entraînement et de la motivation des troupes, de la souplesse de la chaîne de commandement, mais aussi de la prise en compte du milieu, qu'ils s'agissent du climat ou du terrain. Irakiens et Iraniens n'ont pas combattus de la même manière en été et en hiver, en ville, en montagne, en zones désertiques ou marécageuses. Cette guerre a surtout démontré le rôle cardinal du génie (travaux défensifs, franchissement des marais de Hoveyzeh et du Chatt el-Arab) et de logistique. Sans une chaîne de ravitaillement réactive et bien rôdée et sans de colossaux stocks de munitions, l'armée Irakienne n'aurait sans doute jamais tenu le front dans la durée. A l'inverse de nombreuse offensives Iraniennes ont échoué car les Pasdarans se sont retrouvés à court de munitions au moment décisif, lorsque leurs adversaires commençaient à faiblir. Cette guerre s'est aussi caractérisée par la banalisation de l'utilisation des armes chimiques et des missiles balistiques qui ont eu un impact psychologique important, même si elle se sont révélé peut précis et dix fois moins meurtrier que l'artillerie. Sur le plan terrestre, les Iraniens ont fait preuves de plus d'imagination que les Irakiens dans la mise au point tactiques novatrices, particulièrement dans le domaine de l'infanterie légère, ce qui ne les a pas empêchés de perdre la guerre. Les rivalités et le manque de coordination entre l'armée régulière et les Pasdarans sont responsables de nombre de leurs échecs, prouvant ainsi que l'unité de commandement reste l'un des principes fondamentaux de la guerre.

Sur le plan aérien en revanche, les Irakiens ont fait preuve d'une imagination débridée, mettant au point des tactiques novatrices et n'hésitant pas à transformer leurs avions de transport et de reconnaissance pour accomplir des missions de combat. Les Iraniens, pour leur part, se sont essayés à l'emploi des drones téléguidés mais n'ont pas poursuivi dans cette voie, faute d'argent. Contrairement aux idées reçues, l'activité aérienne s'est avérée très soutenue durant l'ensemble du conflit, même si les aviateurs Iraniens ont réduit progressivement le rythme de leurs sorties, faute de munitions et de pièces de rechange. La guerre électronique et le ravitaillement en vol ont joué un rôle déterminant. Dans le domaine naval, les combats ont pointé la redoutable efficacité des missiles de surface de type Exocet et Harpoon, capables de foncer vers leur cible au ras des flots. Les Irakiens en ont fait un usage immodéré, tirant plus de 500 Exocet pendant le conflit. A l'inverse, les missiles de types Silkworm, trop gros, pas assez rapides et faciles à leurrer, se sont révélés inadaptés au combat aéronaval. Les affrontements qui se sont déroulés dans le Golfe en 1987 et 1988 ont montré qu'il était impossible d'interdire durablement la navigation dans le détroit d'Ormuz, quels que soient les efforts déployés par l'Iran. Les marins occidentaux ont redécouvert à cette occasion la guerre des mines et l'escorte de convois, qu'ils avaient oubliées depuis la fin de la seconde guerre mondiale. Enfin, cette guerre a servi de laboratoire aux industriels de l'armement pour tester leurs dernières trouvailles technologiques. C'est dans le domaine des missiles et de la guerre électronique que les progrès enregistrés pendant ces huit années ont été les plus significatifs. Leur utilisation en condition réelle a démontré aux industriels que la sophistication d'un système d'arme devait se traduire aussi par la simplicité d'emploi, car en mode dégradé, un armement trop fragile et trop compliqué à mettre en œuvre n'est plus d'aucune utilité.

Dans bien des cas, la rusticité s'est avérée le meilleur allié du combattant. Le recours intensif aux missiles de types Scud a convaincu certains industriels de se lancer dans la conception de systèmes anti-missiles.

Chapitre 2

Les belligérants

Partie 1 : L'organisation des Moudjahidin du peuple Iranien

Hormis l'armée Irakienne et l'armée Iranienne, d'autre unités combattantes ont participés à ce conflit, comme l'organisation des Moudjahidin du peuple Iranien (OMPI) qui est un mouvement d'opposition au régime de Chah Mohammad Reja Pahlavi puis contre la république islamique d'Iran, qui a pour fondement idéologique une interprétation révolutionnaire de l'islam qui s'allie à l'Irak Baassistes. Fondée en opposition au Chah, l'OMPI demeure active en Iran et à l'extérieur, durant et après la révolution islamique de 1979. Elle est notamment fondée et dirigée par Mohammad Hanifnejad, puis dirigée par Massoud Radjavi et demeure conduite en exil par son épouse, Maryam Radjavi. L'OMPI boycotte le référendum constitutionnel Iranien de décembre 1979, ce qui conduit Khomeiny à exclure le chef de l'OMPI, Massoud Radjavi, de l'élection présidentielle Iranienne de 1980.

Le 20 juin 1981, l'OMPI organise une manifestation contre Khomeiny dans le but de renverser le régime, une cinquantaine de manifestant ont été tués lors des manifestations. L'OMPI combat contre la république islamique d'Iran entre 1980 et 1988 (en participant à l'opération Quarante étoiles et à l'opération Mersad), ce qui en fait la cible prioritaire de la République Islamique. En 1986, la république islamique d'Iran demande à la France d'expulser l'OMPI de son siège Parisien. En réponse, elle rétablit son camp de base d'Achraf en Irak et par le Home Office Britannique jusqu'en juin 2008. L'OMPI est décrite par plusieurs source comme étant le groupe d'opposition politique le plus important et plus actif d'Iran. L'organisation est membre du conseil national de la résistance Iranienne (CNRI), qui déclare lutter pour l'instauration d'un régime démocratique et laïque en Iran.

Cette organisation est fondée en 1965 par un groupe de jeunes intellectuels Iraniens se réclamant d'un islam libéral, teinté d'idéologie de gauche. Elle est la première organisation Iranienne à développer systématiquement une interprétation révolutionnaire moderne de l'islam. Cette interprétation contraste avec l'islam conservateur du clergé traditionnel de l'ayatollah Khomeiny, l'organisation est qualifiée (d'islamo-marxiste) par la Savak (police politique du Chah). Une des caractéristiques de l'organisation à ses débuts est que sa base militante est extrêmement jeune, elle mobilise une nombreuse population étudiante et lycéenne issue de la classe moyenne non fortunée, mais qui a eu accès à l'éducation.

Ses membres appartenaient principalement aux cercles intellectuels Iranien, en particulier la classe moyenne salariée. Contrairement au gouvernement de Khomeiny, l'OMPI a accepté les concepts occidentaux. L'organisation est fondée pour mener une guérilla urbaine visant à ébranler le gouvernement du Chah. En août-septembre 1971, 90 % de ses membres sont exécutés, puis trois de ses fondateurs en mai 1972, à la veille de visite du président Américain Nixon à Téhéran. Les moudjahidin du peuple Iranien participent activement au renversement de la monarchie en 1979, mais l'OMPI s'opposent au principe du gouvernement du docteur de la loi islamique et soutiennent le président de la république laïque Bani Sadr.

Après la révolution, l'OMPI refuse de laisser le pouvoir à l'ayatollah Khomeiny, qui s'empare du pouvoir avec l'aide du clergé chiite. Bien que leur liberté d'action soit de plus en plus restreinte par le gouvernement de la république islamique d'Iran, l'organisation continue à mener une intense activité politique, dénonçant la réduction de l'espace démocratique en tentant de s'opposer à la mainmise exclusive du clergé chiite sur l'état. Mobilisant d'importantes manifestations d'opposition dans les principales villes, les Moudjahidin sont un des seuls partis politique à présenter des candidats dans tout le pays en vue des élections législatives de 1981. Le 20 juin 1981, l'OMPI organise une manifestation rassemblant un demi-million de personnes à Téhéran. Cette manifestation est sévèrement réprimée par le gouvernement et le mouvement est déclaré hors-la-loi. Le 28 juin 1981, un attentat à la bombe au siège du parti Républicain Islamique jamais revendiqué, tue 73 personnes dont plusieurs hauts responsables de ce parti, cet attentat marque le tournant à partir duquel le parti Républicain Islamique s'approprie exclusivement le pouvoir. L'OMPI est violement écarté de la vie publique ainsi que ses membres, une fatwa est alors énoncée par Khomeiny qui déclare les Moudjahidin illégaux et les identifies d'hypocrites.

Massoud Radjavi, chef de l'OMPI, fonde à Téhéran avec d'autres figures de l'opposition le conseil national de la résistance qui regroupe les forces d'opposition qui se sont opposés à la dictature du Chah mais rejettent la théorie de Khomeiny. En juillet 1981, Radjavi quitte Téhéran et s'installe en France. En juillet 1981, il y a un attentat contre la personne de l'ayatollah Khomeiny à la mosquée d'Abouzar à Téhéran. Le 30 août 1981, l'OMPI fait exploser une bombe dans le bureau du premier ministre. Le président Mohammad Ali Rajai, le premier ministre Mohammad Javad Bahonar et le colonel Vahid Dastgherdi, chef de la police Iranienne, sont tués dans cet attentat. L'OMPI a attaqué le régime Iranien pour avoir perturbé des rassemblements, interdit des journaux, brûlé des livres, fermé des universités et violés les droits de l'homme des minorités, en particulier Kurdes. En juin 1986, Radjavi part pour l'Irak, en effet l'OMPI développe aussi sa lutte à partir de l'Irak en 1986, l'organisation créé l'armée de libération national d'Iran (ALNI). Disposant un temps d'une réelle capacité militaire, elle mène des opérations d'envergure pour ensuite privilégier l'action subversive. Pendant la guerre, les forces de l'OMPI attaquent régulièrement les troupes Iraniennes le long de la frontière et opèrent plusieurs incursions en Iran. En 1988 après l'entrées en vigueur du cessez-le-feu, l'ALNI tente d'envahir l'Iran, lors de l'opération baptisée (illumination éternelle) qui se solde par un échec, le groupe est pris dans une embuscade. L'OMPI admettra en 1998 avoir eu 1304 combattants tués et 1100 blessés lors de l'opération, ceci déclenche une vague de répression interne de l'OMPI.

Partie 2 : Le parti démocratique du Kurdistan

Le parti démocratique du Kurdistan d'Irak est constitué en 1946, sur le modèle du parti démocratique du Kurdistan d'Iran, et sur recommandation de Mustafa Barzani. Le parti s'inspire, dans son programme, du marxisme-léninisme, il affirme l'existence d'une nation Kurde opprimé et se donne pour objectif de travailler pour son droit à l'autodétermination, en revanche, ses objectifs immédiats concernent la démocratisation de l'Irak.

Il ne revendique pas une indépendance ni l'unité du Kurdistan, mais un statut d'autonomie régionale, dans le cadre d'un état Arabo-Kurde démocratique. Lorsque Abdul Karim Kassem, le 14 juillet 1958, renverse la monarchie et proclame la république, il est soutenu par toute l'opposition, dont le PDK. Mais le régime de Kassem se durcit rapidement, bien que le programme de son parti mentionne bien l'introduction d'une forme d'autonomie Kurde, aucune mesure n'est prise dans ce sens. Bien au contraire, le gouvernement arme des groupes féodaux Kurdes à son service pour attaquer les permanences du PDK. Président du PDK, Mustafa Barzani quitte Bagdad pour retourner à Barzan se mettre à l'abri, entre le 9 et le 13 septembre 1961, le gouvernement bombarde plusieurs villes et villages du Kurdistan. Le bureau politique du PDK se réunit et décide d'organiser la défense du peuple kurde, il pose les bases d'une armée révolutionnaire du Kurdistan et lance la lutte armée.

L'objectif est toujours pourtant modéré, une autonomie Kurde dans un Irak démocratique, Kassem, qui a sous-estimé les capacités militaires des combattants Kurdes, doit avouer de nombreuses défaites. A son retour en Irak, le général Barzani rassemble des hommes sous son commandement pour un seul objectif (l'autonomie). Il mène une lutte contre le gouvernement Irakien du général Abdul Karim Kassem, puis les successeurs, à partir de 1961. C'est le Baas, ennemi à la fois du mouvement Kurde et du parti communiste, qui parvient à tirer le plus grand profit de la situation. Le 8 février 1963, les officiers Baassistes renversent Kassem et prennent le pouvoir, le nouveau premier ministre, Ahmed Hassan Al-Bakr et le nouveau président Abdul Salam Aref, proclament d'abord un cessez-le-feu avec le mouvement du Kurde, mais celui-ci est de courte durée, le 10 juin la guerre reprend.

L'armée Irakienne ne vient pas à bout de la résistance Kurde, malgré le soutien de renforts Baassistes Syriens. Le 18 novembre 1963, le Maréchal et Président de la république Abdul Salam Aref qui est allié du Bass sans en être membre, renvoi son premier ministre et écarte tous les ministres Bassistes. Le 10 février 1964, il conclut un cessez-le-feu avec Barzani, qui marque la fin de la seconde (guerre Kurde d'Irak). Pourtant, le 4 mars 1965, la guerre recommence par une offensive du printemps, Aref décède dans un accident d'hélicoptère, son frère, le général Abdul Rahman lui succède et poursuit la guerre au Kurdistan. Les combats durent jusqu'au 15 juin 1966, où les forces Irakiennes essuient une piteuse défaite à Hendrin, un cessez-le-feu et alors proclamé.

Mais, le 17 juillet 1968, le Baas reprend le pouvoir par un nouveau putsch militaire, Ahmed Hassan Al-Bakr devient cette fois le nouveau président et son nouveau premier ministre Saddam Hussein. En avril 1969, le Baas déclenche une nouvelle opération militaire pour écraser le mouvement Kurde. Malgré les combats intenses, Al-Bakr entreprend des pourparlers avec Barzani, qui aboutissent à l'accord du 11 mars 1970, et prévoit une certaine autonomie du Kurdistan. Cependant, ils sont bafoués et les Peshmergas reprennent la lutte en 1974, après la mort de son père en 1979, Massoud Barzani prend la tête du parti. En pleine guerre Iran-Irak, le parti et son frère ennemi l'UPK tentent de continuer leur lutte en s'alliant avec l'Iran, en considérant le dicton (l'ennemi de mon ennemi et mon ami). Le peuple Kurde en paya les conséquences, le 16 mars 1988, à la fin de la guerre, Halabja, un village Kurde, fut gazé par l'aviation Irakienne. Au final, le PDK s'allie au gouvernement de Saddam Hussein dans les années 1990.

Partie 3 : Le parti Baas Irakien

Le parti Baas signifiant (renaissance) où (résurrection) de son nom complet le (parti socialiste de la résurrection arabe) est créée en 1944 en Syrie avec comme but l'unification des différents états arabes en une seule et grande nation. En Irak, la première tentative de prise de pouvoir par le parti Baas remonte à 1963, mais c'est effectivement en 1968 que le parti se saisit du pouvoir par un coup d'état, son régime dure jusqu'en 2003. En 1966, le parti Baas s'est scindé en deux, une moitié dirigée par la direction de Damas, qui a créé un parti en Syrie et l'autre moitié dont la direction se trouve à Bagdad. Les deux parti Baas conservent le même nom et maintiennent des structures parallèles dans le monde arabe. Néanmoins les deux sont ennemis jurés et entretiennent des relations exécrables, Hafez el-Assad ayant soutenu l'Iran lors de la guerre. Une inimitié due en partie aux divergences religieuses des deux dirigeants (la famille Assad étant alaouite, une branche du chiisme, Saddam Hussein et quant à lui sunnite) ainsi qu'au fait que le régime Irakien ait accueilli sur son territoire certains fondateurs historique du parti Baas tels que Michel Aflak, menacés de mort en Syrie à la suite de la radicalisation du parti impulsé par Salah Jedid puis Hafez el-Assad et aux nombreuses purges menées.

En Irak, le parti Baas est demeuré un groupe civil et a manqué d'un appui fort chez les militaires, il a eu peu d'influence, et le mouvement s'est séparé en plusieurs factions après 1958, puis en 1966. Il a aussi manqué d'un appui populaire, mais par la construction d'un appareil fort, le parti Baas a réussi à prendre le pouvoir. Le Baassisme est arrivé au pouvoir la première fois lors du coup d'état de février 1963, quand Abdel Salam Aref est devenu le président, les interventions du parti Baassiste Syrien et l'opposition entre les modérés et les extrémistes, aboutit à un nouveau coup d'état en novembre 1963, permettant de discréditer les extrémistes, cependant les modérés continuèrent à jouer un rôle important dans les gouvernements non Baassistes suivants. En juillet 1968, un coup d'état permit au général Baassiste Ahmed Hassan al-Bakr de prendre le pouvoir, les conflits internes au parti continuèrent, et le gouvernement fit périodiquement des purges parmi les dissidents. Saddam Hussein succéda à Al-Bakr en 1979 et dirigea l'Irak jusqu'en 2003. Bien que presque toute la conduite Baassiste n'ait eu aucun fond militaire, sous Hussein, le parti changea nettement et se militarisa, les principaux dirigeants apparaissant fréquemment en uniforme.

La cellule ou le cercle du parti est composé de trois à sept membres, c'est l'unité de base de l'organisation du parti Baas Irakien, les cellules fonctionnent au niveau du quartier ou du village, où les membres se réunissent pour discuter et exécuter les directives venant du parti. Une décision du parti compose de deux à sept cellules, commandées par un commandant de division, de telles cellules Basisstes étaient présents dans tous les services publics et l'armée, où elles ont fonctionné comme chien de garde du parti, une forme efficace de surveillance secrète au sein de l'administration publique. Une section du parti comporte deux à cinq divisions, d'un grand quartier d'une ville, où d'une zone rurale. La branche est le niveau supérieur aux sections, elle comporte au moins deux sections, au niveau de la province. Le congrès de parti réunit toutes les branches, élit la direction régionale, comme noyau du mécanisme de prise de décision.

La direction nationale du parti Baas se trouve au niveau supérieur à la direction régionale, elle forme le plus haut organe définissant la politique et coordonnant le mouvement Baas dans l'ensemble du monde arabe.

Partie 4 : L'unité Pasdaran

Le corps des gardiens de la révolution islamique, souvent appelé gardiens de la révolution, fréquemment abrégé en Pasdaran, est une organisation paramilitaire de la république islamique d'Iran dépendant directement du Guide suprême de la révolution, le chef d'état Iranien. Selon la constitution Iranienne, alors que l'armée régulière est chargée de la défense des frontières du pays et du maintien de l'ordre dans le pays, les gardiens de la révolution constituent une milice chargée de protéger le système de la république islamique. Les gardiens de la révolution sont très actifs sur la scène politique, on les présente souvent comme plus puissants que le gouvernement officiel de l'Iran, voire comme un état dans l'état. Le corps des gardiens de la révolution islamique est créé le 22 avril 1979, trois semaines après le référendum qui valide la formation de la république islamique d'Iran. Le Pasdaran est séparé de l'armée Iranienne régulière et lui est parallèle, il est très bien équipé avec sa propre marine, armée de l'air et forces terrestres. Le corps est aussi responsable des missiles balistiques sur lesquels l'armée régulière n'a aucun contrôle, son quartier général se situe sur la base de Doshan Tappeh, siège également du commandement de l'armée de l'air Iranienne. Le corps des gardiens de la révolution a été fondé par un décret du 5 mai 1979, en tant que force soumise à l'autorité unique du Guide suprême de la révolution, l'ayatollah Khomeiny. Il est en fait placé sous l'autorité du Guide de la révolution. C'est devenu une force armée à part entière pendant la guerre Iran-Irak où l'utilisation de vagues humaines, constitués très souvent d'adolescent inexpérimenté (Basij), contre l'armée Irakienne a causé des pertes pour les gardiens de la révolution deux fois supérieurs à celles subies par l'armée régulière.

Partie 5 : Les Bassidjis

La force de mobilisation de la résistance, couramment appelé le Bassidj ou aussi Basij qui veut dire en Persan (mobilisé), est une force paramilitaire Iranienne qui a été fondée par l'ayatollah Khomeiny en novembre 1979 afin de fournir des jeunes volontaires populaires aux troupes d'élite dans la guerre Iran-Irak. Ils sont chargés de la sécurité intérieur et extérieur de l'Iran, ils s'entrainent dans le but de défendre l'Iran. Les bassidjis sont actuellement une branche des gardiens de la révolution islamique, un nombre de cette force est appelé Bassidji. Au début du régime islamique et de la guerre Iran-Irak, les Bassidjis sont recrutés principalement parmi les jeunes adolescents qui s'étaient engagées dans la révolution. Les Bassidjis, qui sont près d'un demi-million à s'être engagés pendant la guerre, ont alors été employés comme chair à canon (où candidat au chahid).

A la fin de la guerre en 1988, le successeur de Khomeiny, l'ayatollah Ali Khomenei, décide de ne pas les démanteler et d'en faire une milice chargée de la sécurité intérieure. Celle-ci sert également à encadrer des jeunes majoritairement défavorisés et sans emploi. Au contraire des gardiens de la révolution, leur engagement idéologique est fragile et bon nombre d'entre eux s'engagent pour des raisons uniquement matérielles, car leur statut de Bassidji peut leur permettre d'accéder à l'université ou des places leur sont réservées. Leurs privilèges sont néanmoins bien moindres que ceux accordés pendant la guerre, en général, les Bassidjis ne portent pas d'uniforme militaire et évoluant en civil. La force Basij constitue la cinquième branche du corps des gardiens de la révolution islamique elle est constitué de brigades (Imam Hossein) et (Imam Ali), qui sont chargés des menaces à la sécurité. Les Bassidjis constituent une force d'intervention populaire rapide, leurs tâches sont la sécurité, le renforcement des infrastructures de développement, l'équipement des bases de résistances et d'augmenter le nombre d'emploi. Ils jouent un rôle décisif auprès du régime théocratique, car toute contestation à l'encontre de son fondement peut aboutir à une intervention de cette milice islamiste.

Chapitre 3

Les batailles et les opérations

Partie 1 : Invasion Irakienne (1980)

Echo de Qadisiya

Le 20 septembre 1980, le conseil national de sécurité se réunit pendant plus de six heures sous la houlette de Bani Sadr, le premier ministre Mohammed Ali Radjai et le ministre de la défense Moustafa Chamran écoutant les avis alarmistes des chefs militaires, tous conscient de l'état d'impréparation de l'armée. La réunion est d'autant plus tendue que le président et son premier ministre jouent clairement dans deux camps opposés. A l'issue d'une interminable discussion de marchands de tapis, le président Iranien parvient à imposer le rappel de 120 000 réservistes, espérant calmer le gouvernement Irakien. Pendant ce temps, à Bagdad, les généraux peaufinent leurs ultimes préparatifs. Saddam Hussein baptise l'offensive (Echo de Qadisiya) en référence à la bataille de Qadisiya en l'an 636 après J-C, au cours de laquelle les armées arabes conquérantes avaient écrasé l'armée persane au sud de Nadjaf, sur la rive occidentale de l'Euphrate. Cette bataille est devenue le symbole de la victoire arabes sur les persans. La bataille débutera par l'attaque des bases aériennes Iraniennes. Les généraux n'étaient pas très chauds pour frapper dans la profondeur et risquer de perdre leurs précieuses aviations, mais Saddam Hussein insista pour qu'il en soit ainsi.

Saddam Hussein est persuadé que son aviation est capable de rééditer l'exploit des pilotes Israéliens qui avaient détruit au sol les aviations arabes en quelques heures, le 5 juin 1967. Ses objectifs sont politiques et non pas militaire. Le général Mohammed Jassam al-Jabouri, qui commande l'aviation Irakienne exécute les ordres de Saddam Hussein, malgré les recommandations de son état-major qui soulignent l'efficacité du système de défense sol-air Iranien et l'absence d'armement performant capable de détruire les hangars bétonnés de l'adversaire puisqu'il est très difficile de détruire les chasseurs Iraniens dans leurs hangars blindés, il donne l'ordre du lancement de l'opération. Les pilotes Irakiens vont privilégier la neutralisation des pistes et des dépôts logistiques, afin d'empêcher l'aviation Iranienne de décoller et conquérir la supériorité aérienne au-dessus du front.

D'ailleurs la logique militaire voudrait qu'ils frappent en priorité les radars et les systèmes antiaériens adverses, mais ils ne disposent d'aucun missile spécialement conçu pour cette mission. Cette carence, parmi bien d'autres, illustre le manque de professionnalisme de l'institution militaire Irakienne, qui a planifié cette guerre à reculons. Le 20 et 21 septembre 1980, le général Salim, chef des opérations de l'armée de l'air, effectue discrètement la tournée des six bases aériennes à partir desquelles décolleront les chasseurs bombardiers, afin de transmettre les ordres et les objectifs. Contrairement aux habitudes, l'attaques ne se déroulera pas à l'aube, mais en milieu de journée, pour permettre aux pilotes Irakiens de voler au ras du sol et au milieu des montagneux afin de limiter les risques de détection par les radars adverses.

Les appareils Soviétiques en service dans l'armée Irakienne ne sont équipés d'aucun système de suivi de terrain et les pilotes ne sont pas entraînés au vol de nuit. Pour frapper de manière coordonnée l'ensemble des cibles au lever du jour, il aurait fallu que les pilotes décollent de nuit et effectuent l'essentiel du trajet en pleine obscurité, ce qui leur est impossible. Les planificateurs de cette opération estiment que c'est autour de midi que les pilotes Irakiens auront le plus de chance d'échapper à la chasse ennemie. Pendant toute la journée, pilotes et mécaniciens s'activent frénétiquement pour préparer les appareils. En fin de soirée, les pleins en kérosène ont été faits et les projectiles anti-piste accrochés sous les MIG et les Sukhoï. Compte tenu de l'éloignement de certains objectifs, la charge militaire a été réduite pour permettre l'emport d'un maximum de réservoirs supplémentaires. Chaque appareil n'emporte en moyenne que deux bombes freinées par parachute. C'est peu pour neutraliser les immenses bases aériennes que le Chah a fait construire sur le modèle Américain. Les soultes de bombardier Tupolev, en revanche, regorgent de bombes classiques, parfaites pour marteler l'objectif visé.

Le 22 novembre 1980, l'Irak lance des frappes aériennes contre des cibles en Iran, 192 avions sont mobilisés pour l'opération. L'objectif pour Saddam Hussein est de détruire le reste des unités de l'aviation Iranienne encore opérationnelles (l'armée de l'air a été la plus touchée par les purges menées par Khomeiny). Mais le manque d'expérience des pilotes Irakiens, la faible charge offensive des avions MIG (qui représentent la moitié de la flotte aérienne), le nombre limité de sorties (250) font qu'à la fin de la journée, seuls 4 avions Iraniens ont été détruits pour 5 avions Irakiens abattus. A 1h45 heure locale, 6 MIG-23 Irakiens bombardent une base aérienne Iranienne près d'Ahvaz, une heure et demi plus tard, d'autre MIG-23 de la force aérienne Irakienne attaquent l'aéroport international Mehrabad de Téhéran. Les Irakiens bombardent en même temps huit autres importantes bases aériennes Iraniennes. Les faibles pertes s'expliquent aussi par les leçons tirées par l'Iran de la guerre des six jours, le pays avait construit des bunkers pour stocker ses avions de combat, les rendant ainsi peu vulnérable à des frappes aériennes.

Le jour suivant, la force aérienne Iranienne prépare ses forces restées opérationnelles à une contre-attaque. La seconde formation Irakienne quant à elle, bombarde les casernes abritant l'état-major de l'armée de l'air, espérant décapiter son commandement. Là encore, les pilotes Irakiens ratent leurs cibles, mais ils sont pris à partie par les défenses sol-air qui abat l'un des leurs. Après cette opération, les Irakiens envoi leurs bombardiers lourds en Jordanie et au Yémen du nord pour les mettre à l'abri d'une frappe de rétorsion Iranienne. L'aviation Iranienne sort indemne de l'offensive qui était censée la clouer au sol. Il aurait fallu cinq fois plus de sorties et un armement mieux adapté pour avoir des chances sérieuses de la neutraliser durablement. La plupart des cratères creusés par les bombes Irakiennes sont comblés pendant la nuit. Au matin, les principales bases Iraniennes sont de nouveau opérationnelles.

La riposte Iranienne

Surpris par l'attaque Irakienne, sans réel contact avec leur état-major, submergé par les appels, les commandants des bases Iraniennes sont livrés à eux-mêmes pendant les premières 24 heures du conflit. Ils ne disposent que de directives générales qui ne leur sont d'aucun secours. Leurs priorités consistent à assurer la protection des avions à rallier tous les pilotes disponibles, à armer les appareils, à réparer les pistes et à sélectionner des cibles. En l'absence de consignes récentes, les commandants ressortent des cartons un plan d'opération conçu à l'époque du Chah. Celui-ci prévoyait l'attaque simultanée des bases aériennes Irakiennes. De son côté le colonel Javad Fakouri, commandant l'armée de l'air, se rend à Mehrabad pour tenter d'y voir plus clair. Il parvient à entrer en contact avec les autres commandants de base, à évaluer les dommages subis et à coordonner la riposte. Pour les détails, il s'en remet à ses subordonnés, l'essentiel reste de pouvoir frapper le moral et lui montrer que l'Iran ne se laissera pas faire.

En regardant par la fenêtre, alors qu'il est pendu au téléphone, le colonel Fakouri aperçoit au loin la chaîne des monts Alborz qui domine Téhéran. Il décide de baptiser son opération du nom de ces montagnes. Toute la nuit, les mécaniciens préparent méticuleusement les avions capables de prendre l'air, pendant que les pilotes étudient le plan d'opération ressortit des tiroirs. Celui-ci repose sur la simplicité (chaque base attaquera le ou les objectifs qui lui sont le plus proches). Les Boeing 707 et 747 se positionneront au-dessus du territoire Iranien pour ravitailler en vol les Phantom partis de Téhéran et les avions de combat qui viendraient à se trouver à court de carburant. Les quelques Tomcat opérationnels assureront la protection aérienne de Téhéran, d'Ispahan et de Chiraz. Les radars et les batteries de missiles sol-air Irakiens ne pourront toutefois pas être attaqués, car les rares équipages qualifiés pour cette mission ont été jetés en prison !

Les Irakiens tirés des chapelets de missile Sam-2 et Sam-3 pour sa défense sol-air dont beaucoup retombent sur la ville et ses environs tuant de nombreux civils. Dans la confusion, elle abat l'un de ses propres avions de transport, un IL-76 qui s'apprêtait à atterrir. A l'ouest de Bagdad, la base de Tammouz est durement frappée, les Iraniens espèrent y surprendre la flotte de bombardiers Irakiens. Pour assurer le coup, ils ont engagé 16 Phantom qui ont décollé de Téhéran et de Hamadan. Par la suite, plusieurs Phantom frappent de nouveau la capitale Irakienne, concentrant leurs attaques sur l'aéroport international, où ils vont détruire quelques avions civils, et sur la raffinerie de Dowra qui alimente la région de Bagdad en carburant. D'autres Phantom, partis de Bouchehr, bombardent les aérodromes de Koût et Nasiriya, l'un d'entre eux est abattu par la DCA Irakienne. La base Irakienne de Bassora fait l'objet de deux attaques successives plutôt réussis, au cours desquelles les assaillants parviennent à détruire deux Su-20 dans leurs alvéoles de protection et à en endommager plusieurs autres. Ils mettent également plusieurs coups au but sur la piste, tous les appareils rentrent indemne de ce raid. Quatre autres Phantom tentent de détruire le pont stratégique qui enjambe le Tigre au niveau d'Amara, il s'agit du seul pont sur le Tigre situé sur la route principale Bagdad-Bassora.

S'il venait à être détruit, c'est toute la chaîne logistique entre la capitale et le sud du pays qui viendrait à être rompue. Pour atteindre cette cible particulièrement importante, les chasseurs bombardiers sont armés de bombes d'une tonne (GBU-10) guidées par illuminateur laser. Les Iraniens ne disposent que d'un petit nombre de systèmes de ce genre et n'y auront recours que pour le bombardement d'ouvrages d'art ou de bunkers. Dans le cas présent, ils se heurtent à une patrouille de MIG-21 qui les repousse après être parvenue à abattre l'un des assaillants. Au nord, les Tigres partis de Tabriz s'en prennent à la base de Mossoul, deux d'entre eux sont abattus par des MIG-21 et deux autres sévèrement endommagés par la DCA. Les autres appareils mettent plusieurs bombes au but, un dernier fait une fausse manœuvre et s'écrase dans un déluge de feu. En milieu de matinée, les avions ont regagné leur base pour y réarmés. Cette deuxième vague se concentre sur les aérodromes de Bassora et de Kirkouk. Comme à Bagdad, la plupart des fusées de la défense sol-air tirées en salve retombent sur les zones habitées, se montrant ainsi plus dangereuses pour la population que contre l'aviation ennemie !

De son côté, l'aviation Irakienne effectue quelques raids sporadiques contre les bases de Tabriz et Bouchehr, sans résultat probant, elle perd même deux MIG-23 abattus par la chasse Iranienne. Elles bombardent aussi les camps de Kermanchah, détruisant quelques hélicoptères. Dans la nuit du 23 au 24 septembre, les dirigeant Iraniens se réunissent avec les responsables de l'armée de l'air pour planifier la suite des opérations, les aviateurs rédigent un plan d'opération baptisé (Kaman-Arbalète), qui doit leur servir de guide dans les prochains jours. Le 24 septembre, une soixantaine de chasseurs bombardiers repartent à l'assaut des bases de Bassora, Nasiriya, Koût, Bagdad, Kirkouk et Mossoul. Cette fois, ils sont escortés, de manière à pouvoir engager les MIG qui pourraient les intercepter. Les Irakiens ne tombent pas dans le piège et misent sur leur défense sol-air pour décourager les assaillants, leur tactique est payante puisque deux Tigre sont abattu par la DCA au-dessus de Mossoul et Bassora.

Pendant ces deux journées, les pilotes Iraniens s'en prennent à l'infrastructure pétrolière Irakienne. Ils bombardent les raffineries de Bagdad et Bassora, ainsi que plusieurs dépôts de carburant. Ils endommagent même l'oléoduc reliant l'Irak à la Turquie, celui-ci sera très vite réparé et l'évacuation de l'or noir reprendra son cours normal quelque jours plus tard. Les Irakiens répliquent en lançant des raids contre le complexe pétrochimique de Bandar Khomeiny et les dépôts de carburant d'Ahwaz. Le colonel Fakouri saisit cette opportunité pour engager le combat avec l'aviation Irakienne. Il ordonne aux patrouilles d'alerte de Tomcat de laisser tomber la couverture des trois grandes villes Iraniennes pour se porter au contact de l'adversaire, à proximité de la frontière, les équipages n'ont pas besoin de se poser. Il leur suffit de se ravitailler en vol auprès des Boeing qui cerclent au-dessus de l'Iran. Plusieurs Phantom, maintenues jusque-là en réserve, reçoivent de leur côté l'ordre de décoller et de rejoindre la zone des combats, la manœuvre se révèle payante, grâce à leur radar sophistiqué, les pilotes Iraniens détectent leurs adversaires bien avant d'être eux-mêmes repérés, ils peuvent dès lors se placer sous le meilleur angles pour tirer leurs missiles à longues portée. Plusieurs aéronefs sont ainsi abattus sans avoir vu venir les missiles Sparrow.

Après quatre jours de combat, le ratio et de 16 contre 5 en faveur des Iraniens. De ce fait, le général Irakien Al-Joubari ordonne l'arrêt des raids, plaçant son armée de l'air sur la défensive. Il se limite à la protection de territoire Irakien et à l'appui des troupes terrestres qui viennent d'envahir le territoire Iranien. Il y a aussi les bombardiers éparpillés dans la péninsule arabique, qui retrouvent leur base à Tammouz. 146 F-4 et F-5E ont été envoyés pour bombarder l'Irak, mais 60 F-4 Tomcat restent mobilisés pour défendre l'espace aérien Iranien des incursion Irakiennes. Ceux-ci abattent 2 MIG-21 et 3 MIG-23 Irakiens, un F-5E Iranien parvient aussi à neutraliser 1 Su-20 durant l'opération. Saddam Hussein et l'armée Irakienne subissent un coup dur, pensant que la force aérienne Iranienne était vulnérable, toutes les bases aériennes Irakiennes près de la frontière de l'Iran sont restées hors d'usage pendant des mois et l'efficacité de l'armée de l'air Irakienne a été réduite de 55 %. Cela permit aux Iraniens de se regrouper et de se préparer à la prochaine attaque Irakienne, qui sera cette fois-ci terrestre. Il faudra encore deux ans aux Iraniens pour expulser les Irakiens hors de leur territoire et la guerre continuera jusqu'en 1988, devenant la plus longue guerre conventionnelle du vingtième siècle, dans laquelle plus d'un million de personnes trouveront la mort.

L'offensive terrestre

Déçu par les piètres performances de ses pilotes, Saddam Hussein reporte tous ses espoirs sur l'offensive terrestre qui doit lui permettre d'atteindre ses objectifs. Pour planifier celle-ci, les généraux Irakiens sont allés fouiller dans leurs archives. Ils ont retrouvé les documents préparatoires d'un exercice d'état-major conçu en 1941 par les instructeurs Britanniques affectés à l'école de guerre de Bagdad. Il s'agissait, pour les stagiaires Irakiens de l'époque, de s'emparer des villes de Kermanchah, Dezfoul, Ahwaz et Abadan en moins d'une dizaine de jours, grâce à quatre divisions d'infanterie motorisée. Les généraux Irakiens reprennent le plan de manœuvre Britannique, se contentant de la dépoussiérer pour l'adapter à la situation présente. Avec dix divisions à leur disposition, dont la moitié blindée, ils estiment pouvoir atteindre facilement les mêmes objectifs, d'autant qu'ils peuvent compter sur une artillerie conséquente dont ne disposaient pas les Britanniques.

Les 20 et 21 septembre, Adnan Khairallah, ministre de la défense et cousin de Saddam Hussein, effectue une tournée marathon le long de la frontière, pour rencontrer les commandants de chacune des dix divisions impliquées dans l'assaut contre l'Iran. Il est accompagné de Jabar Khalil Shamshal, chef de l'état-major général, de Mohammed Salim, inspecteur général des armées, et d'Abdel Jabar Assadi, chef des opérations chargé de coordonner l'action des forces terrestres. Les quatre hommes remettent à chaque divisionnaire les ordres scellés le concernant, lui rappelant qu'il serait malvenu de décevoir Saddam. Le 22 septembre 1980, en fin de matinée, les filets de camouflage dissimulant les blindés sont retirés, les batteries d'artillerie approvisionnées et les moteurs des blindés mis en marche, les fantassins après s'être légèrement restaurés, embarquent à bord des véhicules à bord desquels ils vont franchir la frontière.

Le soleil brille, la température reste élevée après un été caniculaire, et une brume ocre de chaleur voile l'horizon, occultant les avant-postes Iraniens, l'attaque n'a pas débuté à l'aube pour être coordonnée avec l'offensive aérienne, mais aussi pour éviter que les assaillants n'aient le soleil dans les yeux. Les positions Iraniennes se trouvent en effet à l'est, face au soleil levant, à midi, alors qu'ils sont survolés par la première vague de chasseurs bombardiers, 1 600 chars, 2 000 véhicules blindés et 4 000 camions s'élancent dans un tourbillon de poussière en direction des monts Zagros et des plaines arides du Khouzistan. La première vague d'assaut compte près de 100 000 hommes, en face, les 25 000 Iraniens déployés à proximité du front alignent 800 chars et 600 autres blindés, dont la moitié n'est pas en état de prendre la route, le rapport de force est de 4 contre 1 en faveur des Irakiens.

Au nord-est de Bagdad, la 6ème division blindée et la 8ème division d'infanterie quittent leur cantonnement de Khanaqin en direction de Qasr-e-Shirin, véritable carrefour stratégique sur la route reliant Bagdad à Kermanchah. Ces deux unités franchissent la frontière sans la moindre opposition, puis se déploient de manière à isoler Qasr-e-Shirin, en fin d'après-midi, l'avant-garde Irakienne pénètre dans la ville encerclée, défendue par un détachement de gendarmes, quelques forces de police et une compagnie de gardien de la révolution. Pas plus de 200 hommes, équipés uniquement d'armes légères, c'est bien peu face aux blindés et aux canons Irakiens. Les combattants Iraniens sont déterminés à infliger un maximum de pertes à leur adversaire, car ils sont coupés de toute voie de retraite. Pour accroître leur chance de succès, les Irakiens font appel à l'aviation, mais étant déjà en mission pour attaquer les bases aérienne, l'état-major ne peut envoyer que 4 chasseurs Hunter, manquant d'information, les pilotes tirent leurs roquettes un peu au hasard au-dessus de Qasr-e-Shirin, l'armée Irakienne mettent en batterie leur artillerie et pilonnent la bourgade Iranienne pendant plus de deux heures.

A la tombé de la nuit, les compagnies de grenadiers voltigeurs repartent à l'assaut, appuyées par les chars, elles nettoient les quartiers les uns après les autres, sous le feu meurtrier des tireurs embusqué. Les Irakiens profitent des premières lueurs du jour pour réduire au silence les derniers nids de résistances, à midi, ils sont maîtres de Qasr-e-Shirin, cette première victoire leur à coûter plus d'une centaine de morts et près de 300 blessés. Dans l'autre camps, quelques Iraniens se sont rendus, mais la plupart ont préféré se sacrifier, donnant à leur adversaires un avant-goût de la détermination de leurs compatriotes. Le 24 septembre, la 6ème division blindée reprend sa progression en direction des monts Zagros, appuyé par les fantassins de la 8ème division d'infanterie, il n'est pas question pour l'instant de se précipiter jusqu'à Kermanchah, la capitale régionale. Une telle offensive le long d'étroites routes de montagne, faciles à bloquer, ne serait concevables qu'en cas d'effondrement des Iraniens. Il convient pour l'instant d'occuper Sarmast et Abad Zarb, de manière à stopper une éventuelle contre-attaque de la 81ème division blindée Iranienne. Pour y parvenir, les Irakiens doivent d'abord se rendre maître des bourgades de Zahab et Geilan Zarb, ils s'emparent facilement de la première, mais la seconde leur donne davantage de fil à retordre, les chars progressent au rythme des grenadiers voltigeurs qui ont préféré débarquer de leurs blindés, jugés trop vulnérable.

Il faut trois jours pour parcourir la cinquantaine de kilomètres qui séparent Qasr-e-Shirin de leur objectif, lorsqu'ils parviennent en vue Geilan Zarb, les Irakiens sont accueillis par le feu nourri d'une bande de Pasdarans survoltés qui ont quitté précipitamment Kermanchah deux jours plus tôt, en autobus, pour rejoindre une ligne de front encore très fluctuante. Plus tôt que de risquer des pertes inutiles, les Irakiens se mettent hors de portée et attendent l'arrivé de leur artillerie. Ils perdent ainsi une journée supplémentaire. Le 29 septembre après un bombardement qui dévaste la bourgade Iranienne, il se lancent à l'assaut et bousculent les défenseurs qui se replient en direction des montagnes, non sans avoir infligé des pertes significatives à l'assaillant. Ils poursuivent ensuite en direction du carrefour conduisant à Sarmast.

Plus au sud, la 4ème division d'infanterie partie de Baqouba, renforcé par la 10ème brigade blindée de la Garde Républicaine, s'est emparé de Naft. Après avoir laissé une brigade de fantassins en garnison dans cette bourgade, son commandant poursuit sa lente progression le long de la route frontalière, afin de rejoindre les autres divisions qui ont envahi le secteur. Il effectue quelques jours plus tard sa jonction avec les 8ème et 12ème division, tandis que la brigade blindée de la Garde Républicaine regagne la région de Bagdad pour servir de réserve mobile de l'état-major général. De son côté, la 12ème division blindée a quitté Mandali et franchi à son tour la frontière en direction de l'antique Sumer. Elle s'est heurtée à la résistance inattendue d'un détachement de gendarmes et de Pasdarans retranchés sur place. Après trente-six heures d'intenses préparatifs, ses deux brigades ont débordé les défenseurs, pénétré dans la ville et neutralisé les îlots de résistance les uns après les autres. Le commandant de cette division a limité les pertes mais il a perdu un temps précieux qui a permis aux Iraniens de réagir et d'envoyer à sa rencontre un bataillon de chars qui freine son avance en direction de Sarmast et lui inflige des pertes significatives. Les Chieftain Iraniens sont avantagés par le terrain, abrités derrière les collines, ils harcèlent l'assaillant appuyés par une escadrille d'hélicoptères Cobra qui multiplient les coups au but contre les blindés Irakiens.

Plus au sud, la 2ème division d'infanterie a traversé la frontière à l'est de Jassan et de Badrah pour encercler Mehran où se trouve retranché, depuis quelques semaines, un bataillon d'infanterie mécanisée. Le divisionnaire Irakien, qui ne dispose que de très peu d'information sur la valeur de son adversaire, se montre prudent et privilégie la tactique du rouleau compresseur. Après avoir fait tonner le canon pendant plusieurs heures, il profite du coucher du soleil, au moment où les Iraniens ont celui-ci dans les yeux, pour lancer ses brigades à l'assaut. La bataille dure 36 heures à Mehran, après avoir perdu l'équivalent de deux bataillons. Le 25 septembre, ils reprennent leur progression, deux brigades d'infanterie se dirigent vers Ilam, une petite ville nichée à mi-pente du mont Manesht qui commande l'une des routes conduisant à Kermanchah. Cette localité est d'autant plus importante qu'elle contrôle l'accès à une montagne voisine, qui permet de détecter toute activité aérienne en provenance des bases de Koût et de Bagdad.

Il est donc crucial pour les Iraniens d'en conserver le contrôle, c'est la raison pour laquelle ils dépêchent sur place le bataillon de reconnaissance de leur 81ème division blindée pour défendre Ilam avant l'arrivée des troupes Irakiennes. Celui-ci est rejoint par un bataillon d'infanterie mécanisée assemblé à la hâte, pendant que deux bataillons de chars de cette même division, appuyés par deux bataillons d'obusiers automoteurs de 155 mm, prennent position à Sarmast et Abad Zarb pour repousser les brigades blindées de Zahab et Geilan Zarb. Des hélicoptères de combat patrouillent dans le secteur pour évaluer la progression des troupes Irakiennes. Volant par paires, au ras du sol, ils utilisent au mieux les dénivellations du terrain pour masquer leur présence et tendre des embuscades mortelles à l'adversaire. Le reste de la 81ème division blindée demeure pour l'instant à Kermanchah, le temps de compléter ses effectifs, remettre en état le maximum de chars et attendre les ordres de l'état-major général. Les officiers supérieurs Iraniens, qui ont retenu les leçons des échecs de Tsahal lors de la première phase de la guerre du Kippour, sept ans plus tôt.

L'arrivée de ces renforts échappe à l'état-major de la 2ème division d'infanterie qui ne dispose d'aucun moyen performant de collecte du renseignement. C'est donc en toute quiétude que le divisionnaire Irakien déroule son plan d'opération, pendant que l'une de ses brigades tient fermement Mehran, deux autres s'emparent de Saleh et Arkavaz, puis poursuivent en direction d'Ilam. Sous un soleil de plomb, les fantassins progressent lentement, arpentant les collines rocailleuse et pelées les unes après les autres, sous le feu roulant de leurs propres mortiers qui martèlent systématiquement les positions susceptibles d'abriter des tireurs embusqués. Ils sont ponctuellement survolés par des Cobra surgis de nulle part, qui les mitraillent avant de se réfugier derrière les montagnes, parvenus en vue de leur objectif, ils sont refoulés par le tir précis des chars Scorpion et des grenadiers voltigeurs Iraniens retranchés aux abords de la ville. Pendant 48 heures, les commandants des deux brigades envoient leurs éclaireurs sonder les défenses adverses. Convaincus de leur solidité, ils demandent à leur divisionnaire l'appui des chars et de l'artillerie.

Celui-ci leur ordonne de s'établir en position défensive, le commandant de la 2ème division d'infanterie vient en effet d'engager ses chars le long de la route frontalière conduisant à Dehloran pour s'assurer de cette route stratégique et effectuer sa jonction avec le 3ème corps, afin de souder le dispositif Irakien. C'est la 37ème brigade blindée, détachée de la 12ème division, qui mène cette colonne de chars. Sa progression est ralentie par les attaques incessantes des Cobra Iraniens. Le 30 septembre, ils s'emparent de Dehloran et mettent la main sur les gisements pétroliers éparpillés à proximités. Pendant ce temps, appliquant les ordres de Bagdad, les commandants des 2ème et 4ème division d'infanterie ordonnent à leurs sapeurs de détruire les retenues d'eau situées à flanc de montagne, de même que le système d'irrigation alimentant les plaines arides jouxtant la frontière Irakienne entre Naft et Dehloran. En asséchant cette bande de terre arable de 200 kilomètres de long sur 25 de large, la pouvoir Irakien cherche à décourager la population rurale de revenir occuper ce secteur crucial du front. Il espère l'annexer et déplacer la frontière d'une vingtaine de kilomètre vers l'est, jusqu'au pied des monts Zagros, afin de cantonner les Iraniens dans leurs montagnes.

L'offensive sur le Khouzistan

Le 22 septembre 1980, trois division blindées Irakiennes et deux autres mécanisées pénètrent au Khouzistan, chacune dans l'un des secteurs qui lui a été assigné, au nord la 10ème division blindée franchit la frontière près du village de Koweït, en direction de Musiyan. Elle atteint cette bourgade 36 heures plus tard, une fois maîtres des lieux, les blindés Irakiens bifurquent plein est, poursuivant leur itinéraire vers la rivière Karkeh. Ce trajet d'une centaine de kilomètres se révèle beaucoup plus long et difficile que prévu, une route sinueuse en encaissée relie Musiyan à la bourgade de Naderi, au bord de la Karkeh, à travers un relief désertique plissé et craquelé, uniformément ocre, formé de hauts plateaux rocailleux parsemés d'oueds asséchés qui constituent autant d'obstacles naturels, mais aussi de crêtes acérées qui lui confèrent un aspect lunaire. Le divisionnaire n'a pas d'autre choix que de mettre ses brigades l'une derrière l'autres le long de la route, derrière son régiment de reconnaissance chargé de détecter les obstacles et les pièges.

Ceux-ci offrent des cibles de choix pour des embuscades, car dans cette position ils sont vulnérables, de plus les Cobra Iraniens se sont accaparé la zone séparant la rivière Karkeh de la frontière Irakienne, les pilotes Iraniens maîtrisent le vol tactique au ras des canyons, surgissant de nulle part, frappant, puis disparaissant à l'abri du relief chaotique. Ils mettront hors de combats plusieurs blindés et autres véhicules mais certains d'entre eux sont abattus par la DCA qui se déchainent dès quel entend un hélicoptère, les ZSU-23-4 chenillés se révèlent redoutables contre les Cobra. Dans ces conditions, la 10ème division blindée n'avance que d'une quinzaine de kilomètres par jour, mais elle ne se heurte à aucune force terrestre ennemie. Le commandant fait appel à des hélicoptères pour éclairer sa position et les protéger des Cobra pour accélérer sa progression.

Le 28 septembre, la 10ème division blindée atteint la rivière Karkeh et la franchit au niveau du pont de Naderi, bousculant le 138ème bataillon d'infanterie chargé de la garder. Elle établit une tête de pont et attend d'être rejointe par la 1er division mécanisée, celle-ci franchi la frontière au niveau de Faris, s'est emparée facilement du village de Fakkeh puis s'est scindée pour progresser selon deux axes distincts. L'une des deux brigades mécanisées a longé la frontière vers le sud en direction de Bostan, puis, après avoir laissé un détachement sur place pour occuper ce carrefour important, a bifurqué au nord-est à travers un vaste réseau de dunes en direction de la bourgades d'Alvan. Comme ailleurs, les blindés Irakiens se sont confrontés au Cobra Iraniens qui n'ont pas arrêté de les harceler. Le reste de la division à poursuivi vers l'est en direction de Suse. Une fois parvenue à proximité de la rivière Karkeh, le général commandant la 1ère division a ordonné une manœuvre de débordement, pendant que sa brigade mécanisée s'est emparée du pont menant à Suse, sa brigade blindée a progressé de quelques kilomètres vers le sud pour franchir la rivière au niveau du gué. Sur l'autre berge, le milieu change du tout au tout, une vaste plaine agricole, parsemé de fermes, de talus et de bosquets, s'étend entre les rivières Karkeh et Dez, remplaçant les collines rocailleuses et désertiques. Ce terrain plat facilite la progression des blindés qui encerclent Suse, prenant à revers les défenses leur jonction avec les chars de la 10ème division blindée.

Pendant deux jours, les troupes Irakiennes, appuyées par l'artillerie divisionnaire et par quelques hélicoptères de combat prennent d'assaut la ville de Suse défendue par le 141ème bataillon d'infanterie épaulés par plusieurs compagnies Pasdarans et finissent par se rendre. Un peu plus au sud, la 9ème division blindée a elle aussi atteint ses objectifs intermédiaires, déployés initialement au sud-est d'Amara, elle a dû traverser une zone marécageuse, praticable en cette fin de saison sèche, avant de débouler sur une plaine désertique et rocailleuse pour s'emparer de Dimeh et d'Hoveyzeh. A partir de là, elle est scindée en trois colonnes, la première a pris l'itinéraire le plus long pour rejoindre Ahwaz par le sud, en longeant d'abord la frontière Irakienne jusqu'à Talayeh, puis en bifurquant en direction de Hamid. Après un peu de résistance, cette colonne a poursuivi en direction d'Ahwaz, longeant la rive occidentale du fleuve Karoun, aucun pont ne traversant le fleuve sur cette section, les Irakiens ont pu progresser sans risque d'être débordés sur leur flanc droit. Une seconde colonne s'est précipitée vers Susangerd qu'elle a traversé sans résistance, cette colonne a poursuivi de Hamidieh. Elle s'est confrontée au régiment de reconnaissance de la 92ème division blindée qui a mené une défense efficace en profondeur, les Iraniens ont dû céder du terrain, la pression Irakienne ont eu raison d'eux.

Les Irakiens se sont montrés maître de Hamadieh, puis de Bozorg. La troisième colonne a quitté Hoveyzeh en suivant la route traversant le désert jusqu'au fleuve Karoun, elle s'est heurtée à la 1ère brigade de la 92ème division qui réussit à la ralentir, grâce à l'appui de quelques Cobra, les tankistes Iraniens n'ont pas cherché le choc frontal et se sont contentés de tenir leurs adversaires à distance. Pour progresser les Irakiens ont dû recourir à l'artillerie et à leurs Gazelle armées de missiles antichars HOT, plusieurs d'entre elles ont été abattues. A la fin de la première semaine d'opérations, la 9ème division blindée arrive en vue d'Ahwaz, mais elle n'a plus suffisamment de forces, de munitions, de carburant et d'eau pour se lancer à l'assaut de la capitale du Khouzistan qui compte 300 000 habitants, de nombreux dépôts et de ponts qui constitue un important nœud de communications routier. Ses lignes de communications se sont étirées et sa logistique ne suit plus, une attaque immédiate serait d'autant plus suicidaire que la ville, qui s'étale sur la rive orientale du fleuve Karoun, est solidement défendue par le reste de la 92ème division blindée, par une artillerie conséquente et par d'importants contingents de gardiens de la révolution. Ses six ponts sont gardés et leurs abords sont méticuleusement battus par les feux croisés de l'artillerie et des chars.

Si l'offensive terrestre se déroule à peu près selon les plans établis dans les autres secteurs du front, elle piétine en revanche d'emblée dans la région de Bassora, dès le premier jour de la guerre, la 3ème division blindée, renforcée par la 26ème brigade de chars détachée de la 5ème division mécanisée, s'empare du poste frontalier de Shalamcheh, permettant aux sapeurs Irakiens d'entamer la construction d'un pont flottant en travers du Chatt el-Arab. Une brigade de missiles sol-air Sam-6 est déployée à proximité pour protéger le chantier. Une fois achevé, ce pont reliant Khasïb à Shalamcheh facilitera l'acheminement de la logistique et des renforts. Simultanément, l'artillerie Irakienne prend pour cible la raffinerie et les dépôts de carburant d'Abadan. Le matraquage va se poursuivre pendant plusieurs semaines et donner lieu à un immense gaspillage de munition. Le but des Irakiens est de détruire la plus grande raffinerie du monde pour affaiblir l'économie Iranienne, et raser la ville désertée d'une partie de sa population pour punir Téhéran.

Les installations pétrolières étant à proximité immédiate de la ville, les bombardements vont transformer celle-ci en un vaste champ de ruines, qui ne fera que faciliter la tâche de ses défenseurs. L'artillerie Iranienne riposte en pilonnant le port Irakien de Fao, lui aussi évacué. Sans attendre, la 3ème division blindée lance une attaque concentrique contre Khorramchahr pour tenter de segmenter la ville et atteindre les deux ponts enjambant le fleuve Karoun, de manière à établir une tête de ponts en direction d'Abadan. Contre toute logique, le commandement Irakien envoie ses chars à l'assaut, au lieu d'avoir recours à l'infanterie. Les colonnes de chars ne tiennent pas plus de quelques heures au centre de la cité défendue par 1 500 combattants issus du 151ème bataillon de fortification, d'un détachement d'infanterie de marine et de plusieurs compagnies de Pasdarans. Les blindées Irakiens se heurte à une forte résistance et à des barricades improvisées d'autobus, d'engin de travaux publics et de camions renversés, qui les canalisent dans un labyrinthe sans issue. Les tireurs embusqués sur les toits en profitent pour mitrailler les grenadiers voltigeurs et pour éliminer les chefs de chars qui se risquent à jeter un coup d'œil hors de leur tourelle, les Irakiens finissent par se replier après avoir perdu l'équivalent d'un bataillon de chars et d'un bataillon mécanisé.

Le général commandant la division décident de changer de tactique et d'assiégé Khorramchahr en attendant l'arrivée de renforts d'infanterie, soumettant la ville à d'intense bombardement d'artillerie. A une trentaine de kilomètres plus au nord, la 5ème division mécanisée occupe la plaine désertique s'étendant de la frontière jusqu'au fleuve Karoun, s'emparant aisément de Hosseinieh, puis de Hamid. Le contrôle de cette dernière bourgade est d'autant plus important qu'il verrouille la chaîne logistique qui ravitaille le 3ème corps. Le 28 septembre 1980, Saddam Hussein comprend que le rythme de progression de son armée est plus lent que prévu et qu'il est peut-être préférable d'arrêter l'offensive, si les Iraniens accepte de négocier. Il estime avoir fait suffisamment la démonstration de sa force pour proposer un cessez-le-feu qui lui permettent d'envisager des négociations sur une base très favorable. Saddam Hussein veut que l'Iran renonce à l'accord d'Alger et reconnaisse la souveraineté de l'Irak sur la totalité de Chatt el-Arab, ainsi que sur certain nombre d'enclaves dont son armée vient de s'emparer, notamment au niveau de Qasr-e-Shirin, Sumer et Mehran. Pour convaincre la partie Iranienne d'accepter son offre il ordonne une trêve unilatéral la première semaine d'octobre. Le 30 septembre, le gouvernement Iranien énumère des conditions inacceptables.

Contrairement aux attentes de Saddam Hussein, la population du Khouzistan n'accueille pas les Irakiens en libérateur, dans le meilleur des cas, les troupes assaillantes sont considérées avec circonspection. La plupart du temps, elles sont combattues avec rage et détermination. Les activistes du Front populaire de libération d'Ahwaz, violemnts combattus par Téhéran, sont marginalisé et n'ont pas pu créer les conditions d'un soulèvement populaire, le sentiment nationaliste prévaut très largement. Il est conforté par les exactions commises dès les premiers jours de la guerre par certains généraux Irakiens à l'encontre des tribus arabophones. Cet esprit de résistance est d'autant plus fort qu'il s'appuie sur une véritable conscience révolutionnaire qui ravive la fierté nationale et diabolise toute intervention étrangère. Le régime islamique peut ainsi jouer sur le patriotisme mais aussi sur les thèmes de la (patrie en danger) et de la (révolution menacée).

Dès que la nouvelle de l'invasion Irakienne se répand à travers le pays, des dizaines de milliers de volontaires se précipitent dans les bureaux de recrutement pour s'enrôler immédiatement au sein de l'armée des gardiens de la révolution. Beaucoup, à peine leur engagement signé, montent dans les autobus en direction du front, armés de leur seule volonté, de leur courage et de l'armement léger que les Pasdarans ont bien voulu leur confier. Ceux qui partent de grandes villes situées à proximité de la frontière, telles que Kermanchah, Khorramabad, Dezfoul et Ahwaz, arrivent rapidement sur le front. Ceux de Téhéran, Chiraz et Ispahan mettent plus de temps pour les rejoindre. De nombreux jeunes abandonnent leurs études pour faire le coup de feu contre les Irakiens. Ils apprendront le maniement des armes sur le tas et la sélection naturelle sera impitoyable, l'immense majorité d'entre eux seront rapidement tués. Pour l'Iran Saddam Hussein doit quitter le pouvoir, le régime Irakien doit reconnaitre que c'est lui l'agresseur et doit accepter de dédommager l'Iran pour les dégâts infligés, Bassora doit passer sous contrôle Iranien le temps que l'Irak s'acquitte de sa dette de guerre, un référendum doit être organisé au Kurdistan Irakien pour permettre aux Kurdes de choisir entre l'autonomie et le rattachement à l'Iran, aucune négociation n'est donc envisageable. La décision devra être acquise sur le champ de bataille, bien qu'elle n'aboutisse pas, la trêve formulée par Saddam Hussein casse l'élan des soldats Irakiens qui ne comprennent pas pourquoi leur président les a envoyés au feu, alors qu'il se déclare prêt à négocier avec l'adversaire.

La bataille de Khorramchahr

La bataille de Khorramchahr (résistance de Khorramchahr) est un engagement militaire majeur de cette guerre, livrée du 22 septembre au 10 novembre 1980, du fait de la brutalité des combats et de l'ampleur des destructions, la ville est devenue connue en Iran sous le nom de (ville de sang). Avant la guerre, la population de la ville était d'environ 220 000 habitants et la ville s'était développé pour devenir l'un des plus importants ports au monde. Cette ville était moderne et cosmopolite, après la révolution Iranienne, des groupes arabes anti-Iraniens tentent de l'intégrer à l'Irak. Entre septembre et octobre 1980, plusieurs attentats terroristes ont alors lieu, finalement, le 17 septembre, Saddam Hussein annule les accords d'Alger de 1975 et prépare une invasion en Iran. Pour défendre la ville, les Iraniens avait mis au point une série de digues dans la périphérie gardée par des soldats, des blindés et de l'artillerie. La défense des faubourgs de Khorramchahr relève de la garnison de Dej qui dispose d'une compagnie de char Chieftain. La mosquée Masjed-Jameh dans le centre-ville était quant à elle gardée par les Pasdaran, servant de centre de coordination. Dans l'après-midi du 22 septembre, l'Irak lance une compagnie de bombardement massifs contre l'Iran. Khorramchahr est notamment touché, environ 150 batteries d'artillerie déployés dans le village Irakien de Tanomah tirent le premier obus, au crépuscule, les raids aériens et les bombardements prennent fin, de la fumée s'élève de Khorramchahr en flammes. Dans la nuit, 500 chars Irakiens, épaulés par 6 divisions de l'armée de terre, progressent en direction de Khorramchahr-Ahvaz, les avant-postes Iraniens près de la ville tombent rapidement mais les défenseurs Iraniens parviennent à neutraliser quelques blindés grâce à des canons sans recul.

Les Irakiens encerclent alors Khorramchahr et font face à un ennemi équipé de lance-roquette et de canons anti-char M40 de 106 mm. Le 30 septembre, les Irakiens parviennent à sécuriser les digues et les faubourgs de la ville, coupant les routes la reliant à Abadan et au reste de la province du Khouzistan, les forces Irakiennes sont alors aux portes de Khorramchahr. A l'aube, une unité de soixante commandos Irakiens pénètre dans la ville par le sud et est repoussé par les Pasdarans Iraniens, les unités mécanisés de la troisième division blindé Irakienne avancent alors sur la ville, divisées en trois groupes afin de capturer les lieux clés de la ville dont la gare et les casernes de la garnison Iranienne. Les Pasdaran, retranchés, attendent le bon moment afin de faire feu sur les blindés Irakiens avec leur lance-roquettes et leur cocktail molotov. Après d'intense combats, les forces Irakiennes parviennent à prendre la gare mais son finalement repoussées sur leurs positions de départ dans les faubourgs de la ville.

Les Irakiens bombardent alors massivement la ville sous l'ordre du colonel Ahmed Zeidan, une nouvelle offensive débute le 11 octobre, le 14, les Irakiens progressent lentement dans la ville, progression freinée en raison des tireurs d'élite. Le port est notamment capturé par les forces Irakiennes, le centre-ville est atteint le 21 octobre et l'objectif est alors de s'emparer des bâtiments gouvernementaux et du pont reliant Khorramchahr à Abadan. Cinq bataillons d'infanterie et des unités de forces spécial sont mobilisées pour mener à bien l'opération, finalement, après avoir livré une résistance acharnée, les Iraniens évacuent la ville en direction de Karoun. Leur retraite est entravée par l'artillerie Irakienne, dans la matinée du 10 novembre, Khorramchahr est entièrement sous contrôle Irakien. La chute de Khorramchahr est fatale au général Hossein Chaker, qui est remplacé à la tête des armées Iraniennes par le général Gassim Ali Zahir Nedjad qui succède à ce dernier à la tête de l'armée de terre. Khorramchahr devient une ville fantôme, les occupants Irakiens pillent les biens Iraniens et les transfèrent à Bassora. La ville est restée aux mains des Irakiens jusqu'à sa libération en 1982. Si les chiffres officiels indiquent quelque 5000 morts Irakiens, et 7000 blessés ou morts Iraniens, le bilan serait beaucoup plus lourd, car aucun des deux pays en conflit n'avait intérêt, du fait de haine réciproques et d'un très fort nationalisme, à indiquer un lourd bilan. Cette bataille est souvent appelée le (Verdun Iranien).

Le siège d'Abadan

Le siège d'Abadan est mené du 6 novembre 1980 à septembre 1981 par l'armée Irakienne, il s'agit d'une ville stratégique car disposant de l'une des plus importantes raffineries de pétrole au monde. Le plan Irakien initial vise à capturer Abadan peuplée de 294 000 habitants en 1976, afin de traverser le Chatt-el-Arab et ainsi progresser sur Khorramchahr. Une division Irakienne est engagée comprenant 500 à 600 chars et 20 000 soldats. Des commandos Irakiens avaient déjà atteint la périphérie de la ville le 22 septembre lors des succès de l'offensive Irakienne mais ont été contraints de se retirer à la suite de la résistance de paramilitaire Iraniens. Le 4 octobre, l'état-major Irakien affirme avoir sécurisé la route reliant Abadan à Ahvaz mais le contrôle du pont ne devient effectif qu'à la fin novembre.

L'armée Irakienne étant déjà engagé massivement dans la bataille de Khorramchahr, le plan Irakien vise à capturer et à occuper rapidement Abadan puis de s'emparer de l'île. Le 3 novembre, les forces Irakiennes sont aux portes de la villes située dans la province Iranienne du Khouzistan. La résistance Iranienne s'avère être acharnée et les commandants Irakiens sur le terrain demandent des renforts. Une seconde division affaiblie forte de 4 500 soldats et de 200 chars et alors envoyés afin d'encercler Abadan depuis le nord-est. Les Irakiens sont repoussés par les Pasdarans Iraniens mais parviennent à occuper une partie de la ville, des combats d'usure éclatent alors et Abadan n'est plus qu'un amas de ruines. En juin 1981, à la suite de la baisse du moral des forces Irakiennes, le Chatt-el-Arab étant toujours défendu par les Iraniens assiégé, Saddam Hussein ordonne une nouvelle offensive avec 60 000 hommes. La garnison Iranienne dans la ville est renforcée par 15 000 soldats. Bien que le rapport de force soit de 6 contre 1 pour les Irakiens, les Iraniens parviennent à repousser les assauts Irakiens à l'aide notamment de leurs chars Chieftain. Du 22 au 28 septembre 1981, l'armée Iranienne lance l'opération Samen-ol-A'emeh qui met un terme au siège. L'Iran capture 2 500 soldats Irakiens et détruits de nombreux chars Irakiens, perdant toutefois 150 M60 Patton dans la contre-offensive. Abadan n'est plus qu'un amas de ruines en septembre 1981, la défense de la ville puis la libération de Khorramchahr aboutit au retrait des troupes Irakiennes d'Iran en 1982.

L'opération Morvarid

L'opération Morvarid en Persan (l'opération Perle) est une opération militaire de la marine Iranienne et de sa force aérienne menée le 27 et 28 novembre 1980 contre la marine et force aérienne Irakienne, en réponse au déploiement de radars par les Irakiens sur les plateformes pétrolières d'Al-Bahr et de Khor-al-Amaya visant à contrer les opérations aérienne Iranienne. Elle résulte en une victoire de l'Iran qui parvient à détruire les deux plateformes et à infliger des pertes considérables à la marine Irakienne et des dégâts aux ports et aérodromes Irakiens. Le 27 novembre 1980 à la tombée de la nuit des commandos de marines transportés par des hélicoptères Chinook de l'armée de terre surgissent au-dessus des terminaux pétroliers de Kohr-al-Amaya et Mina al-Bakr. Un avion EC-130 de guerre électronique patrouille à proximité et brouille les communications Irakiennes. Les combattants d'élites de la marine se laissent glisser le long de filins et prennent pied sur leur objectif, engageant le combat avec les rares soldats Irakiens chargés d'en assurer la défense. Ils sont appuyés par le tir précis d'hélicoptères Cobra qui virevoltent autour des installations pétrolières, grâce aux lunettes de vision nocturne équipant pilotes et canonniers. L'assaut s'achève au corps à corps. Les Iraniens se rendent rapidement maîtres des deux terminaux. Moins d'une heure plus tard, 3 hydroglisseurs partis de l'île de Kharg, escortés forment la Task Force 421, renforcés de 3 autres hydroglisseurs partis de Bandar Khomeiny, abordent les deux terminaux pour y apporter renforts et explosifs. Les commandos Iraniens truffent les installations pétrolières d'explosifs, rembarquent à bord des hydroglisseurs avec leurs morts, leurs blessés et leurs prisonniers, et font tout sauter dans un immense feu d'artifice.

En quelque heures, les Irakiens viennent de perdre leur capacité d'exporter la pétrole extrait de la région de Bassora. C'est un véritable coup dur pour leur effort de guerre. Pendant que les commandos regagnent Bandar Khomeiny, les patrouilleurs Joshan et Paykan s'approchent de l'embouchure Chatt el-Arab pour défier la marine Irakienne. Un troisième patrouilleur lance-missiles, le Zoubin, est en alerte à une quinzaine de nautiques à l'ouest de Kharg pour remplacer celui des deux qui viendrait à être coulé, deux corvettes PF-103 et quatre autres patrouilleurs de type Combattante II se tiennent prêt à quitter leur base de Bouchehr pour leur porter secours. A Bassora, au siège de l'amirauté Irakienne, c'est la consternation ! Personne n'avait imaginé un coup de main aussi audacieux, estimant que les Iraniens se contenterait de canonner Kohr al-Amaya et Mina al-Bakr, mais qu'ils ne prendraient pas le risque d'y débarquer. Le 28 novembre 1980, des F-4 Phantom 2 et des F-5 Tiger 2 Iraniens attaquent les aérodromes Irakiens près de Bassora, un MIG-21 Fishbed Irakien est détruit au sol. Dans la nuit du 29 novembre, six navires de la Task Force 421 Iranienne déploient des mines navales sur les terminaux pétroliers Irakiens de Mina-al-Bakr et Khor-al-Amaya. L'opération est soutenue par des AH-1 Super Cobra, des Bell 214 et des CH-47 Chinook qui neutralisent les défenses Irakiennes. L'infanterie de marine Iranienne est par la suite évacuée par hélicoptère, dans le même temps, deux vedettes de classe combattantes 2 Iranienne bloquent les ports d'Al-Faw et Umm Qasr. La marine Irakienne réagit en déployant des torpilleurs P-6 et des patrouilleurs Irakiens afin de lancer une contre-attaque. Deux patrouilleurs Irakiens sont coulés dans l'engagement par les AGM-84 Harpoon des navires Iraniens.

Peu de temps après, quatre F-4 Phantom 2 Iraniens supplémentaires décollent à partir de la base aérienne de Chiraz et bombardent le port Irakien d'Al-Faw ainsi que le site de missile sol-air environnantes. Des formations de F-14 Tomcat Iraniens se joignent par ailleurs à la bataille et bombardent les terminaux pétroliers Irakiens. Les Irakiens font alors décoller des MIG-23 Floggers afin de les défendre mais trois d'entre eux sont neutraliser. Un F-4 Iranien est en revanche neutraliser dans l'engagement aérien. Quatre MIG-23 Irakiens attaquent également le Joshan, dont deux sont neutraliser par les tirs de SA-7 Iraniens, le dernier avions Irakien encore opérationnelle est contraint de rompre l'engagement. Au soir du 28 novembre 1980, le bilan est sans appel, pour la perte du seul patrouilleur Paykan, d'un Phantom et d'une dizaine de commandos marine, les marins et les aviateurs Iraniens on détruit deux terminaux pétroliers stratégiques, et tués plus d'une centaine de combattants et plusieurs navires et aéronef (le 28 novembre deviendra ensuite le jour de la marine en Iran). Par la suite, ils vont maintenir une présence navale dissuasive autour du terminal de Kharg articulée autour de trois patrouilleurs lance-missiles et deux corvettes. Le blocus naval de l'Irak est désormais effectif. En face la défaite est sévère. Les marins Irakiens ont compris que toute nouvelle sortie serait extrêmement risquée. Ils en tirent la conclusion logique qu'ils ne peuvent plus opérer que de nuit pour s'affranchir de la menace aérienne. A l'exception de quelques sorties ponctuelles, ils passeront l'essentiel de la guerre à l'abri de leur base d'Oum Qasr, tandis que les unités d'infanterie de marine iront renforcer les défenses de Bassora et de Fao. L'amirauté Irakienne finira par reprendre le contrôle des deux terminaux pétroliers détruits, maintenant sur place une garnison de commandos marine.

Elle réinstallera un nouveau radar sur Kohr al-Amaya qui lui permettra d'accroitre sa capaciter de détection en direction du Golfe. Le général Janabi sauvera sa tête du moins provisoirement, après avoir fait acte de contrition auprès de dictateur Irakien. Il est vrai que Saddam Hussein ne s'est jamais fait la moindre illusion quant à la capacité de sa marine à forcer le blocus Iranien. Cette défaite fait porter le poids de l'attaque du trafic maritime adverse sur les seules épaules de l'aviation Irakienne. Elle entraîne également l'accélération des travaux de construction du canal reliant l'estuaire d'Oum Qasr à Bassora. Plus aucune circulation navale n'étant possible le long du Chatt el-Arab, ce canal doit être en effet permettre aux Irakiens d'évacuer vers la base d'Oum Qasr les 6 vedettes lance-torpilles, les six dragueurs de mines et les six patrouilleurs piégés dans Bassora, mais aussi de ravitailler ce port avec des navires de faible tonnage. La destruction des sites de missiles sol-air et des radars Irakiens permit à la force aérienne de reprendre ses raids contre le sud de l'Irak, 80 % de la marine Irakienne est neutraliser lors de cette opération. La vedette lance-missiles Joshan Iranienne sera plus tard coulée par les navires de l'US Navy durant l'opération Praying Mantis.

Partie 2 : Impasse

La bataille de Nasr

La bataille de Nasr se déroule en janvier 1981, il s'agit de l'une des plus importantes batailles du conflit. Trois brigades Iranienne avancent sur les troupes Irakienne dans la région d'Ahvaz-Susangerd, alertés de ce mouvement, les Irakiens font croire à une retraite mais se retranchent en réalité afin de tendre une embuscade aux Iraniens. La bataille se termine par une défaite de l'armée Iranienne après plusieurs jours d'affrontement. L'opération Iranienne est précédée en trois attaques de diversion, une brigade de troupes de montagne Iranienne attaque les forces irakiennes qui avaient établi des positions défensives et bloquant l'autoroute principal entre Téhéran et Bagdad. La seconde attaque voit les Iraniens tenter de libérer Mehran, sans gagner toutefois d'avantage tactique. La troisième, plus sévère, voit une division mécanisé Iranienne attaquer les forces Irakiennes à l'ouest du fleuve Karoun à proximité d'Ahvaz. Le but de cette attaque est de tenir l'artillerie Irakienne hors de portée de la ville. Grâce à l'effet de surprise, les Irakiens reculent de plusieurs kilomètres mais leur artillerie reste cependant à portée d'Ahvaz. Le 5 janvier 1981, trois brigades blindés Iraniennes avancent sur les troupes Irakiennes dans la région d'Ahvaz. Environ 300 blindés Iraniens sont engagés dans l'opération mais n'ont pas de supériorité numérique suffisante pour tenter de percée, car ceux-ci ne disposent que du soutien de la 55ème brigade de parachutiste, les Pasdarans n'étant pas mobilisés. Alertés de ce mouvement, les Irakiens font croire à une retraite mais se retranchent en réalité afin de tendre une embuscade aux Iraniens.

La bataille dure plusieurs jours avant que les Iraniens ne battent en retraite, laissant sur le terrain 100 à 200 blindés, les pertes en chars sont estimées à plus d'une cinquantaine avec des pertes humaines légères côté Iranien, et une centaine de chars et des pertes humaines lourdes côté Irakien. Les AH-1 Cobra de l'armée de l'air Iranienne mirent ses chars T-55 et T-62 Irakiens hors de combat, dans le même temps, les troupes Iranienne assiégé à Abadan tentent d'établir une liaison avec la colonne blindée. La défaite des forces Iranienne est attribuée au terrain boueux (rendant les mouvements des blindés difficiles) et aussi aux problèmes de ravitaillement, plusieurs blindés étant tombés à court de carburant et de munitions. Les Irakiens ne profitent cependant pas de l'occasion pour tenter de lancer une contre-attaque, les blindés Iraniens restants battent en retraite vers Abadan.

L'opération H-3

Cette opération est une attaque surprise menée par l'armée de l'air Iranienne contre une base aérienne Irakienne le 4 avril 1981 sur la base aérienne H-3 d'Al-Walid près de la frontière Jordanienne. Véritable succès elle résulte en une victoire stratégique Iranienne avec la destruction de nombreux avions Irakiens au sol. Ce site avait été attaqué auparavant lors de la guerre des six jours le 6 juin 1967 par l'aviation Israélienne. Entre le 12 et le 22 mars 1981, l'Irak tire deux missiles 9K52 Luna-M contre les villes Iraniennes de Dezfoul et d'Ahvaz. Quelques jours après ces attaques, la force aérienne Iranienne planifie une contre-attaque, selon les services de renseignement Iraniens, les Irakiens ont retirés le gros de leur force aérienne sur la base H-3 d'Al-Walid. Pour augmenter leurs chances de succès, les avions Iraniens décollent de Tabriz et passent par Mossoul et Kirkouk, la route aérienne étant sécurisé, les F-4 Phantom 2 sont ravitaillés en vol par Boeing 707 opérant clandestinement depuis l'aéroport international d'Istanbul en Turquie.

L'opération débute le 4 avril 1981, une formation de F-4 Phantom décolle depuis Tabriz et survole l'espace aérien Irakien, les avions Iraniens volent à basse altitude entre les montagnes du nord-ouest en Irak et sont ravitaillés par des Boeing 707. La force aérienne Irakienne, n'ayant pas été d'alerte, ne fait décoller aucun de ses intercepteurs. Les Phantom se divisent bientôt en deux sections et attaquent la base aérienne d'Al-Walid (objectif H-3), la piste de la base aérienne est d'abord bombardée afin d'empêcher les avions Irakiens de tenter de décoller, puis les pilotes Iraniens larguent des bombes sur les hangars et sur les deux stations radar du complexe, l'Irak ne réplique pas, ses défenses anti-aériennes étant affaiblis. Au total ce sont 3 Antonov AN-12, 1 Tuplolev Tu-16, 9 Soukhoï Su-17, 4 MIG-21, 18 MIG-23, 5 Mirage F1 et 4 hélicoptères Irakiens qui sont détruits durant cette opération. Après l'attaque, chaque avions Iraniens retourne à sa base, aucun Phantom n'a été perdu dans le raid, du fait de la proximité du complexe avec la Jordanie et la Syrie, l'Irak accusera les Syriens d'avoir prêté main-forte aux Iraniens dans cette attaque.

Partie 3 : Offensive Iranienne

Opération victoire Indéniable

Cette opération connue sous le nom d'opération Fath-ol-Mobin, est une importante opération militaire Iranienne menée en mars 1982, menée par le lieutenant-général Ali Sayad Shirazi, elle est considérée comme un tournant du conflit et aboutit à la libération de la province du Khouzistan occupé par l'armée Irakienne. Le 22 mars 1982, 18 mois précisément après le début de l'invasion Irakienne, les Iraniens exécutent l'opération Victoire Indéniable avec pour objectif initial d'encercler les forces Irakiennes retranchés à Shush. Les blindés, suivis par des brigades du corps des gardiens de la révolution islamique (Pasdaran), lancent la contre-offensive. Les Iraniens subissent de lourdes pertes en raison de l'exécution d'assaut frontaux, l'armée Irakienne jouissant d'une quantité considérable de chars et de soutien d'artillerie et aérien. Saddam Hussein ordonne finalement une retraite le 28 mars après que les trois divisions Irakienne encerclées dans l'opération aient été détruites en une semaine. Les Iraniens sont en mesure de reprendre le sud du pays, les Irakiens stabilisent les positions derrière la frontière après leur retraite depuis l'Iran. C'est également à partir de ce moment que l'armée Irakienne fera usage à grande échelle des armes chimiques pour la première fois du conflit. L'Irak était soutenu à la fois par les Etats-Unis et l'URSS qui voyaient le régime laïque de Saddam Hussein préférable au gouvernement islamique d'Iran. Durant cette bataille les pertes sont énormes, pour les forces Iranienne il n'y aurait pas moins de 30 000 tués et blessés pour 40 000 à 50 000 soldats, 40 000 Pasdaran et 30 000 Basij présent pour cette opération, l'armée Irakienne aurait eu 20 000 tués ou blessés, 15 à 20 000 capturés et environ 400 chars capturés pour 80 à 150 000 soldats engagés dans cette opération.

L'opération Beit el-Moqaddas

Le 30 avril 1982, les Iraniens déclenchent l'offensive Beit el-Moqaddas (ville sainte) qui doit leur permettre de reprendre Khorramchahr et chasser une fois pour toutes les Irakiens du Khouzistan. Pour cette opération, les généraux Nedjad et Chirazi ont mobilisé le ban de l'arrière-ban, soit dix divisions échelonnées de Musiyan à Abadan, dont plus de la moitié contrôlée par les Pasdarans, ainsi qu'une dizaine de brigades indépendantes. Ils n'ont pas hésité à prélever des bataillons déployés aux frontières Soviétique, Afghane et Pakistanaise. Pour les transporter près du front, ils ont réquisitionné tous les Boeing de l'armée de l'air. Au total, ils alignent 200 000 hommes, un millier de chars, 600 canons et une centaine d'hélicoptères. Leur point faible réside dans l'absence d'une capacité de frappe aérienne. L'armée de l'air fait en effet face à de gros problèmes d'intendance. Ses stocks de munitions et de pièces de rechange ont fondu comme neige au soleil, les livraisons de matériel ne suffisent pas pour l'instant à les reconstituer, et les ingénieurs n'ont pas trouvé les codes permettant d'identifier et de gérer les stocks de pièces détachées éparpillés sur les bases.

Qui plus est, le pouvoir se méfie toujours des pilotes et n'autorise qu'au compte-gouttes les sorties aériennes, privilégiant les missions d'interception et de reconnaissance, les seules qui ne présentent aucun risque, ces appareils n'étant armés d'aucune bombe susceptible de détruire les bunkers gouvernementaux. L'état-major Iranien compte sur les batteries de missiles sol-air Hawk, qui ont été rapprochées du front, pour interdire le survol du champ de bataille par l'aviation Irakienne. Pour éviter les tirs fratricides, le chasse Iranienne est priée de ne pas s'aventurer au-dessus du front, car les artilleurs ont reçu l'ordre d'engager systématiquement tous les jets survolant leur zone. En face, les Irakiens ne disposent que de 6 divisions (3e, 5e, 6e, 9e, 11e et 15e) et d'une dizaine de brigades autonomes qui regroupent 65 000 hommes, 500 chars et autant de pièces d'artillerie. La moitié de leurs forces est déployée dans le secteur de Khorramchahr, l'autre moitié est échelonnée entre Amara et Hamid. Le général commandant le 3e corps peut néanmoins compter sur un important soutien aérien.

La reprise de Khorramchahr

Peu avant l'aube, un bataillon de parachutistes est largué sur la berge occidental de Karoun, à proximité de Darkhovin, pour établir une tête de pont. Les sapeurs Iraniens entament immédiatement la construction de ponts flottants. Dès les premières lueurs du jour, des hordes de gardiens de la révolution se ruent sur l'autre berge, encouragés par d'assourdissant « Allah Akbar » diffusés par des dizaines de haut-parleurs réglés sur le volume maximal. Croyant avoir affaire à plusieurs divisions ennemies, les Irakiens chargés de tenir le secteur prennent la poudre d'escampette. La 92e division blindée Iranienne franchit à son tour le Karoun et élargit la tête de pont en direction de Hosseinieh, prenant toutefois grand soin de ne pas paniquer l'adversaire. Car la tactique des Iraniens va consister à le laisser dans l'expectative quant à l'endroit où surviendra l'assaut majeur, pour l'empêcher de regrouper ses forces. Alors qu'au nord du Khouzistan, la 84e division lance une attaque de diversion contre Fakkeh, au centre, dans le secteur de Susangerd, les 16e et 30e divisions blindées repoussent la 9e division Irakienne jusqu'à Hoveyzeh. Près d'Ahwaz, les 21e et 77e divisions refoulent les 5e et 6e divisions Irakiennes au-delà de Hamid. Le général Qadhi, commandant le 3e corps Irakien, tergiverse sur la marche à suivre et l'endroit où faire porter son effort pour contenir au mieux les Iraniens. Le commandant du 3e corps opte pour une défense en élastique avec ce qui lui reste de troupes blindées et mécanisées. Les Iraniens profitent des atermoient Irakiens pour engager leur 23e brigade de forces spécial et deux divisions de Pasdarans, tenues jusque-là en réserve. Dans la nuit du 7 au 8 mai, les Iraniens lancent la deuxième phase de l'offensive, après un terrible bombardement d'artillerie, leurs divisions déployées entre Susangerd et Mouran culbutent les 6e et 9e divisions blindées Irakiennes et les poursuivent jusqu'à la frontière. La 9e division se désagrège et compte tenu de ses piètres performances, elle disparait définitivement de l'ordre de bataille Irakien. Un peu plus au sud, la 92e division blindée fonce elle aussi vers la frontière Irakienne et s'empare de Hosseinieh. Saddam Hussein n'a plus d'autre choix que d'accepter le repli de ses troupes vers Khorramchahr. Le secteur est défendu par 35 000 hommes épaulés par une centaine de chars.

Le 12 mai, les Iraniens campent devant la ville sans passer encore à l'attaque, car ils attendent l'arrivée de plusieurs divisions de Pasdarans. Akbar Hashemi Rafsandjani s'est en effet montré très clair : ce sont les gardiens de la révolution qui doivent libérer Khorramchahr. Ils attendent depuis des mois cette victoire symbolique qu'ils méritent amplement et doit leur permettre de s'imposer comme l'élément moteur des forces armées Iraniennes. L'état-major profite de ce répit pour compléter les stocks de munitions, mais aussi d'eau potable, car la température commence à devenir caniculaire. Il organise le transfert en autobus de plusieurs milliers de jeunes volontaires qui seront engagés en première ligne. Il finit par aligner 80 000 combattants face aux 35 000 Irakiens retranchés sur le mur de Perse et dans Khorramchahr. Dans la nuit du 19 au 20 mai, l'artillerie Iranienne se déchaîne, contraignant les Irakiens à se terrer dans leurs positions. Parallèlement, la 55e brigade parachutiste, héliportée à proximité de Shalamcheh, s'empare de cette bourgade et détruit le pont flottant permettant de franchir le Chatt el-Arab. Les paras Iraniens isolent du coup la garnison de Khorramchahr. A l'aube, les Irakiens se lancent à l'assaut de la ville. Pendant 48 heures des dizaines de vagues de Pasdarans survoltés viennent se briser sur le mur de Perse. Mohsen Rezaï et Ali Chamkhani supervisent les opérations. Ils ont lu sur le front des troupes un message de Khomeiny appelant les combattants au martyr. Pour cette bataille décisive, ils ont fait appel à leurs meilleurs commandant qui vont se battre comme des lions. Les défenseurs choqués par la furie, la détermination et l'abnégation des assaillants, s'imaginent revenus aux temps médiévaux.

Le 22 mai, les défenseurs commencent à flancher, les hommes épuisés, sont presque à court de munitions, plus ils tuent d'adversaires, plus il en vient ! La nuit suivante, 3 divisions Iraniennes parviennent à percer le mur Perse qui s'est effondré en plusieurs endroits sous les coups répétés de l'artillerie et des chars. A l'aube, elles se répandent à l'intérieur de la ville, tandis que 3 autres divisions encerclent la cité, coupant toute voie de retraite aux défenseurs. Les pilotes Irakiens tentent de briser l'élan des troupes Iraniennes en mitraillant sans répit les colonnes de fantassins, ils ne parviennent pas à les stopper et subissent de lourdes pertes (une trentaine d'appareils). Au sol, c'est la débâcle ! Les Irakiens paniqués abandonnent leurs véhicules et tentent d'atteindre le Chatt el-Arab pour le traverser à bord de canots pneumatiques, sur des radeaux de fortune, voire même à la nage. Près de 40 % d'entre eux parviennent à regagner l'autre berge. Les autres sont tués ou capturés. Les quelques unités qui tentent de freiner l'avance Iranienne sont implacablement éliminés. Les Pasdarans galvanisés sont prêts à tous les sacrifices pour offrir la victoire à leurs commandants. Rien ne leur résiste, à la tombée de la nuit, les Iraniens ont fait 19 000 prisonniers, le 24 mai 1982, le régime Iranien proclame la libération de Khorramchahr, ville deux fois martyr ! La défaite est sévère pour les Irakiens qui déplorent 8 000 tués, 30 000 prisonniers et plus de 25 000 soldats blessés, sans compter le matériel détruit ou capturés : 400 chars, 300 autres blindés et une centaine de canons. Les Iraniens ont aussi eu de lourdes pertes : entre 12 000 et 15 000 tués, 25 000 blessés et 400 blindés détruits.

L'opération Ramadan béni

Le 13 juillet 1982, en plein Ramadan, Téhéran déclenche l'offensive (Ramadan béni), baptisée ainsi pour galvaniser la ferveur des combattants. Celle-ci ouvre la troisième phase de la guerre, cette offensive vise dans un premier temps le secteur de Bassora tenu par le troisième corps d'armée Irakien qui regroupe cinq divisions (3e, 5e, 6e, 11e et 15e). Peu avant minuit, les 16e, 30e et 92e divisions blindées soutenues par deux divisions mécanisée (21e et 77e) et trois divisions de Pasdarans (1er, 3e et 5e), s'élancent en direction du Chatt el-Arab pour franchir le fleuve sur le pont Haritha, à une quinzaine de kilomètres au nord de Bassora. Les blindés Iraniens progressent d'une quinzaine de kilomètres avant d'être stoppés, dès la levée du jour, par de violentes contre-attaques de chars Irakiens. Pendant toute la journée, sous un soleil caniculaire, une terrible bataille de chars se développe le long de la rive orientale du Chatt el-Arab. Les généraux Irakiens font appel à leur aviation qui pilonne impitoyablement les colonnes ennemies. Les Iraniens sont finalement refoulés sur leurs positions initiales. Bien qu'elles aient été sévèrement étrillées, leurs divisions blindées et mécanisées sont redéployées un peu plus au nord pour participer à la seconde phase de l'offensive. Dans la nuit du 16 au 17 juillet, elles repartent à l'assaut, cette fois en direction de Qourna. Cette bourgade, nichée au confluent du Tigre et de l'Euphrate constituerait une tête de pont idéale qui permettrait aux Iraniens de couper les deux seules routes reliant Bassora à Bagdad, isolant ainsi la cité fluviale.

Les soldats Iraniens foule le sol Irakien

Les Irakiens cèdent du terrain et attirent l'assaillant au cœur d'une zone marécageuse où ses blindés s'enlisent. Les Iraniens se laissent surprendre, pensant qu'en plein été, cette zone serait sèche et n'entraverait pas leur progression. Ils ne peuvent savoir que deux semaines plus tôt, le commandement Irakien a pris la décision d'inonder la zone grâce à des canaux d'irrigation reliés au Chatt el-Arab. L'avant-garde Iranienne se retrouve engluée et piégé dans une nasse, attaquée de trois côtés à la fois. Handicapés par l'obscurité, les chars Iraniens sont contraints de se rapprocher au plus près pour appuyer la progression des fantassins, devenant une proie facile pour les tankistes et les commandos Irakiens armées de redoutables lance-missiles antichars à vision nocturne, achetés à prix d'or en France. Après 36 heures de combats, les divisions Iraniennes se replient et regagnent leurs lignes. Déstabilisé, l'état-major Iranien n'en déroule pas moins son plan pour permettre aux Pasdarans de s'emparer de Bassora. Pendant ce temps, le 17 juillet, jour anniversaire de l'accession de Baas au pouvoir, Saddam Hussein a ordonné à son armée de reconquérir Qasr-e-Shirin. Ses troupes butent sur les ouvrages défensifs construits l'année précédente par ses propres unités du génie et abandonnés trois semaines plus tôt par ses fantassins. Elles se replient après deux assauts infructueux au cours desquels elles subissent de lourdes pertes. Le roi Hussein vient à la rescousse et envoie sur place un contingent de soldats Jordaniens.

De leur côté, les Iraniens relancent leur offensive dans le secteur de Bassora. Cette fois, ils s'en remettent à leurs fantassins pour percer les lignes ennemies et s'emparer des ponts qui devraient leur permettre d'atteindre leur objectif. Ceux-ci sont ralentis par les nombreux champs de mines et les fossés remplis d'eau, avant d'être hachés par l'artillerie, puis repoussé par les chars retranchés derrière le remblai dressé devant Bassora. Le 23 juillet, les Iraniens comprennent qu'ils ne perceront pas dans ce secteur et qu'ils ne disposent plus de suffisamment de forces pour attaquer en direction de Kirkouk. Ils changent donc de stratégie. Au lieu de tenter d'atteindre le fleuve, ils se contentent de grignoter une étroite bande de territoire de trois kilomètres de profondeur le long de la frontière, en face de Bassora et de Haritha. Comme pour signifier au régime Baassiste que la guerre continue, l'explosion d'une voiture piégée fait 20 morts à Bagdad. L'attentat est revendiqué par le mouvement des Moudjahidin Irakiens, manipulé par les services Iraniens. Pour leur part, les Irakiens réalisent qu'il est possible de contenir l'adversaire en combinant intelligemment leurs forces. Le 31 juillet, le commandement Iraniens ajourne l'offensive le temps de reconstituer ses stocks de munitions et d'eau potable, car ses combattants en ont consommé beaucoup plus que prévu ces deux dernières semaines. Il lui faut aussi expliquer à Akbar Hashemi Rafsandjani les raisons de ce cuisant revers qui lui a coûté 12 000 morts et 300 blindés, pour rien, même si en face les Irakiens ont perdu 150 chars et 8 000 hommes (dont 2 000 prisonniers). Ces raisons sont simples, d'une part, la combativité et la motivation des soldats Irakiens qui se battent désormais pour défendre leur propre territoire, d'autre part, la coordination entre l'armée régulière et les Pasdarans s'est avérée calamiteuse.

Offensives d'automne

Le 1er octobre 1982, l'état-major Iranien déclenche l'offensive Moslem ibn Akil (du nom du cousin de l'imam Hussein qui joua un rôle important l'épopée chiite). Sur un front de 40 kilomètres entre Qasr-e-Shirin et Sumer, à l'endroit même où aurait dû avoir lieu la seconde attaque principale lors de l'offensive (Ramadan béni). L'objectif est simple : percer simultanément à Khanaqin et Mandali, pour pouvoir exploiter en direction de Baqouba en menacer ainsi Bagdad. Les généraux Iraniens alignent deux divisions (21e mécanisée et 81e blindée), leur brigade parachutiste (55e) et six brigades de Pasdarans. Ils disposent au total de 60 000 hommes, 300 chars et autant de canons. Leur aviation largement clouée au sol, ne leur sera d'aucune utilité. En face, les Irakiens alignent quatre divisions (7e et 8e d'infanterie, 12e et 17e blindée) soutenues par l'artillerie du 2ème corps, soit l'équivalent de 36 000 hommes, 400 chars et autant de pièces d'artillerie. Ils peuvent compter sur leur aviation et leurs hélicoptères de combat. L'état-major Iranien ne se fait guère d'illusion sur sa capacité à atteindre Bagdad, mais il espère prendre des gages et contraindre l'adversaire à redéployer ses troupes autour de sa capitale, ce qui permettrait aux Iraniens de percer plus facilement ailleurs. Dès l'aube, les combattants Iraniens bousculent les défenses Irakiennes établies le long des collines marquant la frontière entre les deux pays. Ils progressent d'une dizaine de kilomètres pendant la journée, mais sont violemment contre-attaqués dans l'après-midi par des formations blindées mêlant chars et grenadier voltigeurs.

Sans l'appui de leurs propres chars restés en retrait, les fantassins Iraniens sont incapables de résister à la pression adverse. En deux années de guerre, ils ont épuisé les stocks de missiles TOW et ne peuvent plus compter que sur des armes antichars d'origine Soviétiques, nettement moins performantes. Ils profitent de la nuit tombée pour se replier et se regrouper. Dès le lendemain, ils repartent à l'attaque, sans plus de succès que la veille. Pour la première fois de la guerre, les Irakiens ont recours à du gaz CS incapacitant pour repousser les vagues humaines Iraniennes. Il ne s'agit pas encore d'armes chimiques, mais de simples munitions normalement destinées à réprimer les manifestations. Le régime Irakiens en ayant stocké d'importantes quantités dans Bagdad, à moins d'une centaine de kilomètres de là, il lui est facile de les expédier en urgence sur le front. Conscient que si ces troupes lâchaient pied, Bagdad serait directement menacée, Saddam Hussein se rend sur le front pour haranguer ses troupes et les exhorter à tenir, coûte que coûte. Il engage massivement sont aviation qui harcèle les colonnes ennemies, subissant quelques pertes au passage (4 MIG, 2 Sukhoï et 2 Gazelle). Côté Iranien, les quelques hélicoptères Cobra qui se risquent au-dessus du front ne sont pas en mesure d'inverser la tendance. Akbar Hashemi Rafsandjani, qui a compris le caractère crucial de cette bataille, se rend lui aussi à proximité du front pour galvaniser ses troupes.

Après avoir milité pour la poursuite des hostilités, il lui faut se prévaloir d'un succès opérationnel, même symbolique. Contre l'avis de l'état-major, il donne l'ordre d'engager la totalité des réserves disponibles dans une ultime série d'attaque qui doit faire plier l'adversaire. Dans la nuit du 5 au 6 octobre, 30 000 Iraniens se lancent une nouvelle fois à l'assaut de Mandali. Le choc est violent, mais las assaillants ne parviennent pas plus que les jours précédents à s'emparer de cette bourgade. Les combats se poursuivent toute la journée, sous une température encore élevée, parmi un déluge d'obus d'artillerie et de gaz incapacitant. Les Gazelle et MI-24 Irakiens s'en donnent à cœur joie, mitraillant sans répit les vagues de fantassins qui commencent à faiblir. En fin d'après-midi, l'état-major Iranien, voyant qu'il ne parviendra pas à percer, met fin à la boucherie et ordonne un repli tactique le long des crêtes qui dominent Mandali, à l'est. De leur côté, les Irakiens se retirent sur les collines qui surplombent cette même bourgade, à l'ouest, de peur de s'y faire piéger. L'étroite vallée de Mandali devient ainsi une sorte de no man's land que se disputeront les deux belligérants pendant le reste de la guerre. Bien que les combattants Iraniens aient réussi à conquérir une étroite bande de 3 kilomètres de profondeur, l'échec est patent.

Ils ne se sont emparés ni de Khanaqin, ni de Mandali, et n'ont pas percé le dispositif Irakien et ont subi de lourdes pertes (6 000 tués et plus de 15 000 blessés) contre (2 000 tués et une cinquantaine de chars détruits côtés Irakiens). Plus du tiers des forces engagées ont été mis hors de combat. Par la suite, les généraux Iraniens revoient leur tactique est ils utiliseront des tactiques d'infiltration, de raids ou d'opération coup de poing et arrête les tactiques de submersion par vagues pour fragmenter le dispositif ennemi. Le 1er novembre 1982, une division de Pasdarans renforcée de plusieurs bataillons de fantassins se faufile discrètement à travers les lignes ennemies. Les combattants Iraniens débordent une quinzaine de points d'appui Irakiens. Le lendemain, ils prennent à revers les fortins ennemis qui sont pris pour cible par les chars et l'artillerie. Leur situation s'avérant intenable, les Irakiens abandonnent leurs positions pour se rétablir derrière la frontière. Les Iraniens poussent leur avantage et s'emparent des crêtes surplombant la plaine Irakienne.

Ils reprennent par là même le contrôle de la route reliant Musiyan à Dehloran, même s'ils butent toujours sur Fakkeh que les Irakiens tiennent sous le feu de leur artillerie. S'ils commettaient l'erreur de s'en emparer, les Iraniens seraient impitoyablement aplatis sous un déluge de feu. Le 6 novembre, les unités Iraniennes repartent à l'assaut, pénètrent en Irak et réduisent au silence une dizaine de postes frontières. Elles s'emparent dans la foulée des installations pétrolières d'Abou Shirib et de Bayat qui produisent un peu plus de 30 000 barils par jour. Les 1er et 10ème divisions Irakiennes contre-attaquent pour tenter de reprendre ces installations, sans succès, perdant 70 chars et une quarantaine de canons automoteurs dans l'affaire. L'arrivée de la pluie rend les routes peu praticables, mettant un terme à l'offensive Iranienne. Son bilan est cependant meilleur que les précédentes. Les Iraniens ont certes perdu 4 000 hommes, mais ils ont tué 3 000 Irakiens et en ont fait prisonniers 3 500 autres. Ils ont repoussé l'ennemi de l'autre côté de la frontière et se sont même payés le luxe de s'établir en territoire adverse. Mi-septembre, les autorités Iraniennes ont lancé une nouvelle offensive dans cette province pour reprendre le contrôle de la route frontalière reliant Saqqez à Piranchahr, en plein cœur des monts Gharbi, constitue la colonne vertébrale de la logistique des Peshmergas un peu comme la route Hô Chi Minh l'était pour le Viêt-Cong. C'est en effet par-là que le PDKI reçoit l'essentiel de ses livraisons d'armes et de matériels, via les cols menant à la frontière Irakienne aux villes de Sardasht et Baneh. Le général Chirazi a mobilisé 80 000 hommes répartis en 3 divisions régulières (16e blindée, 28e mécanisée et 64e d'infanterie). Les combats, féroces, s'étalent sur plusieurs semaines et font 2 500 morts dans les rangs des Peshmergas et le double au sein des forces gouvernementales. Les Pasdarans et les soldats de l'armée régulière occupent plusieurs tronçons de la route stratégique, mais ne parviennent pas à s'emparer de Sardasht et Baneh. Ces deux villes restent sous le contrôle des Peshmergas lorsque le siège recouvre la région en fin novembre, mettant un terme à l'offensive. De son côté, Abdul Rahman Ghassemlou s'est replié en Irak dans le secteur de Penjwin. Pour éviter de se retrouver avec une insurrection générale au Kurdistan, qui ne viendrait qu'a empirer la situation, Saddam Hussein annonce une amnistie en faveur des détenus Kurdes et multiplie les mesures favorables aux populations locales.

Les Iraniens s'emparent des îles Majnoun

Dans la nuit du 22 au 23 février 1984, profitant d'un épais brouillard qui masque leur progression et d'une pluie battante qui tient la plupart des Irakiens à l'intérieur de leurs bunkers, les Iraniens passent à l'attaque. Utilisant une myriade d'embarcation en aluminium capables de transporter chacune une centaine de combattants, les deux divisions d'infanterie du groupe de manœuvre (nord) franchissent la frontière à l'ouest de Hoveyzeh, s'emparent des villages de Beida, Sabkha et Ajrada, que les Irakiens avaient laissés sans protection, puis poursuivent leur progression guidée par des autochtones, le long de digues étroites reliant les hameaux de pêcheurs les uns des autres. 36 heures plus tard, l'avant-garde de ces deux divisions parvient à l'orée des marécages à quelques kilomètres à l'est du Tigre, entre Qourna et Azaïr. Les Pasdarans établissent aussitôt une tête de pont sur cette zone sablonneuse de quelques kilomètres carrés, puis lancent des patrouilles de reconnaissance en direction du fleuve, pour interdire la circulation le long de la route Bagdad-Bassora.

Ils ne disposent toutefois d'aucun appui conséquent. Pour toute arme lourde, ils ne peuvent compter que sur les mitrailleuses et les mortiers qu'ils ont transporté à dos d'homme ou à bord de leurs embarcations. Leurs RPG-7 sont tout juste suffisant pour ralentir les chars qui viendraient à les contre-attaquer. De leur côté, les deux divisions d'infanterie du groupe de manœuvre (sud) s'infiltrent à travers les marécages en direction du Chatt el-Arab, masquées par le brouillard. Elles se heurtent aux lignes de défenses construites par le génie Irakien pour protéger cet espace triangulaire situé entre la frontière internationale, le lac des Poissons et les îles Majnoun, gardé par deux divisions d'infanterie solidement retranchées derrière des fossés antichars et des remblais équipés de matériel de détection dernier cri. Les fantassins Irakiens repoussent les vagues humaines qui se succèdent dans ce secteur pendant plusieurs jours. Les Pasdarans parviennent néanmoins à percer ce dispositif sur 3 kilomètres de largeur, au sud des îles Majnoun, atteignant la rivière reliant ces îles au fleuve. Pendant ce temps, les deux dernières divisions qui composent le groupe de manœuvre (centre) traversent la frontière marécageuse, franchissent le lac sur une flottille de petites embarcations et s'emparent sans coup férir des îles Majnoun.

C'est deux îles sablonneuses de quelques kilomètres carrés abritent les principales installations du gisement pétrolier exploité depuis quelques années par une société Brésilienne. Ces deux îles parcourues de derricks sont entourées de nombreuses digues et de petits îlots artificiels qui servent de base aux forages pétroliers. Leur production a été arrêtée après la destruction des terminaux off-shore de Mina al-Bakr et Kohr al-Amaya, auxquels le gisement est relié, ce qui explique que ses installations n'aient été gardées que par une garnison symbolique. Les Pasdarans s'y retranchent solidement, prenant au passage le contrôle du labyrinthe de digues reliant ces deux îles aux îlots voisins, prêts à repousser toute contre-attaque Irakienne. Après un moment de panique et quelques heures de flottement, les généraux Irakiens réagissent et ordonnent l'envoi de tous les renforts disponibles en direction des marais. A Bassora, le général Faouzi Hamid Ali, chef des opérations du 3e corps, dépêche sur place une force de reconnaissance constituée d'une brigade de chars T-62 escortée de deux bataillons mécanisés, pour évaluer l'ampleur de la percée Iranienne et tenter de la contenir. Son homologue de 4e corps fait de même, déployant l'une de ses brigades blindées pour s'assurer de la route menant d'Amara à Qourna. En fin d'après-midi, ces unités engagent le combat avec l'avant-garde Iranienne. Une bataille furieuse se développe autour de la tête de pont Iranienne.

Les T-62 Irakiens cavalcadent en tous sens, écrasant les Pasdarans retranchés dans leurs trous individuels creusés dans le sable. Les grenadiers voltigeurs pourchassent les survivants et les repoussent en direction des marais. Une trentaine de chars les y poursuivent, mais s'embourbent rapidement au milieu des joncs offrant des cibles faciles aux renforts Iraniens qui surgissent à flots continue. Leurs équipages reçoivent l'ordre de saboter leurs chars et de rejoindre leurs camarades qui ont pris position en bordure des marécages. Ils sont rejoints le lendemain par une brigade de commandos, et le surlendemain par l'avant-garde des 10e et 12e divisions blindées envoyées sur place en renfort. Plus au sud, les BMP-1 de la 5e division mécanisée et les T-62 de la 6e division blindée ont lancé une vigoureuse contre-attaque appuyé par l'artillerie et le ballet incessant des MI-24 et des Gazelle qui survolent le champ de bataille, mitraillant les colonnes Pasdarans. Ils sont renforcés par une brigade commando qui est héliportée à proximité.

Seuls les bataillons de fantassins retranchés sur les îles Majnoun échappent aux coups de butoir des Irakiens. Ils en profitent pour renforcer leurs positions et entamer la construction de bunkers, grâce aux matériaux transportés par barges et par hélicoptères. Pour faciliter l'acheminement des renforts, les sapeurs Iraniens construisent un ponton flottant permettant de relier les îles Majnoun au territoire Iranien situé à une dizaine de kilomètres de là. Ce ponton flottant deviendra la cible de l'artillerie Irakienne. Chaque section détruite sera systématiquement remplacée, permettant l'acheminement de la logistique nécessaire aux deux divisions d'infanterie retranchées sur place. Le 29 février 1984, l'état-major Iranien engage toutes ses réserves dans la bataille pour tenter de conserver les positions conquises. Les trois dernières divisions d'infanterie mobilisées pour l'opération Kheibar, appuyées par les chars des 16e et 92e divisions blindées, arrivent en renfort sur le front marécageux large d'une cinquantaine de kilomètres. Surpris, les Irakiens cèdent un peu de terrain avant de se ressaisir.

Le général Adnan Khairallah inspecte le front et prend trois décisions majeures. Il ordonne l'envoi sur place de la Garde Républicaine pour galvaniser les défenseurs secoués par la furie des assaillants, l'emploi d'armes chimiques pour repousser l'adversaire et le raccordement de la ligne à haute tension longeant le Tigre aux marais voisins, pour électrocuter les combattants Iraniens qui progressent péniblement dans cette fange boueuse, de l'eau jusqu'à la ceinture. Dès la fin de l'après-midi, des avions d'entraînement PC-7 Turbo Trainer livrés récemment par la Suisse, qui ressemblent à de simples avions de tourisme, survolent le champ de bataille à basse altitude et vaporisent du gaz neurotoxique tabun au-dessus des positions Iraniennes. L'artillerie Irakienne bombarde elle aussi les marécages avec de l'ypérite, gaz vésicant dérivé du fameux gaz moutarde de la première guerre mondiale. Parallèlement, des décharges d'électricité de 200 000 volts sont injectées dans les marais à proximité de la tête de pont Iranienne. L'action conjuguée de ces moyens provoque la panique au sein des rangs Iraniens. En quelques heures, des milliers de Pasdarans, foudroyés ou suffoqués, se noient dans ces marécages. Les blindés Irakiens refoulent tous ceux qui tentent de s'en échapper. Le général Mohammed Ibrahim Hemmat, qui s'était illustré au Liban dans les rangs du Hezbollah, fait partie des victimes. Deux jours plus tard, lorsqu'ils estiment l'effet des armes chimiques dissipé, les Irakiens contre-attaquent en direction de la frontière, un simple masque hygiénique sur la bouche. Ils éliminent les derniers nids de résistance et progressent parmi des milliers de corps remontés à la surface.

Plus au sud, le général Maher Abdel Rachid a lui aussi la situation en main, ses 5e et 6e divisions ont refoulé les Pasdarans qui étaient parvenus à percer son dispositif. Lui aussi a eu recours aux armes chimiques, un vent contraire a toutefois dissipé leur effet, mais les fantassins Iraniens, qui n'ont pas encore d'équipements de protection adaptés, se sont enfuis dès qu'ils ont aperçu les nuages de gaz. Nombre d'entre eux ont été abattus par leurs propres unités de sécurité qui leur ont barré la retraite. D'autres ont tenté de fuir par les marais, pour subir le même sort que leurs coreligionnaires. Pendant une dizaine de jours, les Irakiens reprennent méthodiquement la plupart du territoire initialement perdu, appuyés par l'artillerie qui déverse une pluie d'obus au phosphore qui brûlent atrocement leurs adversaires. Seules les îles Majnoun leur échappent, les Iraniens s'y étant fermement retranchés. Chaque nuit, une noria d'hélicoptères Chinook apportent de nouveaux renforts de Pasdarans, repartant avec les blessés du jour. Les Irakiens ne disposent ni des embarcations ni des moyens amphibies qui leur permettaient de s'en emparer.

Ils tentent un assaut héliporté, mais celui-ci tourne à la catastrophe après que huit MI-8 engagés dans l'opération ont été abattus par la DCA Iranienne disposée sur les barges déployées autour des îles. Les généraux Irakiens n'ont pour l'instant pas d'autre choix que de prolonger leur ligne de défense le long de la rive, en bordure des marécages. La défense de ces deux îles devient une cause nationale pour le régime Iranien qui déploie sur place ses meilleurs bataillons de fantassins, ses derniers stocks de missiles portables Sam-7, de l'artillerie légère, mais surtout les quelques masques à gaz et combinaisons de protection chimique dont il dispose. Le président de la république Ali Khamenei se rend en personne sur la rive Iranienne du lac pour encourager les combattants chargés de défendre la cinquantaine de puits de pétrole dont les Pasdarans se sont emparés.

Le 12 mars 1984, l'état-major Irakien, qui a compris qu'il ne parviendrait pas à expulser les Iraniens des îles Majnoun proclame la fin de la (première bataille des marais). Le bilan lui est globalement favorable : plus de 20 000 Iraniens ont probablement été tués ; gazés et électrocutés, près de 30 000 ont été blessés et près d'un millier d'autres ont été capturés. De leur côté, les Irakiens ne déplorent que 3 500 tués et 10 000 blessés ainsi qu'une centaine de chars détruit. Ils viennent toutefois de perdre le sixième de leurs réserves de pétrole. Fort heureusement pour eux, l'accroissement de la capacité de l'oléoduc Kirkouk-Dortyol et la progression rapide des travaux de construction du tronçon d'oléoduc reliant les gisements pétroliers de sud de l'Irak à la petroline Saoudienne compensent très largement cette perte et permet à Bagdad d'accroître de 20 % ses exportations de pétrole qui s'élèvent alors à 850 000 barils par jour, contre 1 900 000 pour l'Iran.

Partie 4 : Guerre de position

L'opération Valfajr-2

L'opération Valfajr-2 est une opération militaire Iranienne menée en juillet 1983, elle ouvre un nouveau front au Kurdistan Irakien, connu sous le nom de (front nord), point faible de l'Irak malgré le soutien Turc. Dans l'année qui précède l'opération, les combats entre Irakiens et Iraniens aboutissent à une guerre d'usure et à une impasse sur le front sud. Les troupes Iraniennes lancent plusieurs assauts frontaux contre les positions Irakiennes mais son repoussées par les forces du 3ème corps Irakien. Le gouvernement Iranien parvient cependant à gagner l'appui des Kurdes et décide de porter la guerre au nord. L'objectif principal de l'opération est de prendre le village frontalier de Haj Omran, entouré par les montagnes. Les miliciens du parti démocratique du Kurdistan offrirent un soutien non négligeable aux Iraniens dans la réalisation de cet objectif de par la connaissance du terrain. Le 22 juillet 1983, les Iraniens pénètrent en Irak depuis Piranchahr et infligent une défaite cuisante aux Irakiens, s'emparent de Haj Omran. Les Iraniens et la guérilla Kurde utilisent les crêtes élevées afin de tendre des embuscades aux soldats et convois Irakiens.

Environ 390 kilomètres carré de territoire Irakien est saisi par les forces Iraniennes et leurs alliés. L'Irak répond par une contre-offensive, lançant des assauts aéroportés et utilisant des armes chimiques pour la première fois depuis le déclenchement du conflit en 1980. Les troupes Iraniennes retranchées dans Haj Omran sont exposées au gaz moutarde. Le terrain accidenté de la région empêche toutefois la progression des chars Irakiens, l'utilisation d'hélicoptères de combat par les Irakiens se fait impossible en raison de l'équipement lourd que possède les Iraniens et les Kurdes, ces facteurs ont conduit l'Irak à abandonner ce secteur.

L'opération Valfajr-6

L'opération Valfajr-6 (Aube 6) est une opération militaire Iranienne menée du 22 au 24 février 1984, elle a pour but de sécuriser une partie de l'autoroute reliant Bagdad à Bassora et ainsi couper la liaison entre ces deux grandes villes Irakiennes et menacer les lignes de communication qui ravitaillent l'armée Irakienne sur le front. Les Iraniens rencontrent cependant une résistance Irakienne féroce et l'opération est suspendue deux jours plus tard, l'Iran planifie alors l'opération Khaibar qui vise à s'emparer directement de Bassora. Les échecs des cinq grandes offensives de 1983 de l'Iran visant à infliger une défaite décisive au régime de Saddam Hussein ont beaucoup irrité le gouvernement Iranien, un an plus tôt, l'armée Irakienne avait été mise en déroute de la majorité du territoire Iranien par l'armée régulière et les milices Pasdaran. Les étendues des territoires Iraniens encore occupés par l'Irak en Iran sont abandonnés sur ordre de Saddam Hussein, les Irakiens se retirent sur une ligne plus défendable le long de l'ancienne frontière entre les deux pays. Les Irakiens avaient établi de solides défenses et leur moral était au plus haut, car il défendait leur propre nation.

Cependant, les Iraniens étaient persuadés que la victoire était imminente, en 1983 l'armée régulière est mise à l'écart par le gouvernement islamique Iranien, les milices religieuses devenant le pilier des forces armées Iraniennes. L'armée régulière avait toujours été considéré après 1979 comme une source d'opposition possible au régime, en réponse à la guerre (des villes) initié par les Irakiens, l'Iran décide de lancer une nouvelle offensive en 1984. Après le succès de Valfajr-5 (Aube 5) qui permet de capturer Kut et de sécuriser une portion de l'autoroute Bagdad-Bassorah, menée du 15 au 22 février, les Iraniens déclenchent l'opération Valfajr-6 le 22 février, si les Iraniens parviennent à percer des lignes de défenses Irakiennes, ils sont trop épuisés matériellement et physiquement pour s'attaquer aux lignes suivantes et ne sont pas en mesure de continuer leur percée, l'opération est annulée le 24 février. L'échec de l'opération avait été anticipé avant que l'attaque elle-même n'ait été lancée, les défenses Irakiennes dans la région étaient trop puissantes. Cependant, l'offensive permit d'attirer une partit importante de l'armée Irakienne dans ce secteur, laissant le reste du front vulnérable.

Les Iraniens de l'opération Khaibar parviennent à s'emparer de l'île de Majnoun, à 64 kilomètres de Bassora. L'attaque a été cependant contenue par une contre-attaque Irakienne avec l'utilisation d'armes chimiques (gaz moutarde et sarin). Sachant que la guerre ne pourrait être gagnée Khomeiny accepte une trêve mais les Irakiens profitent de l'occasion pour tenter d'envahir à nouveau le Khouzistan, l'invasion s'avère être un échec.

L'opération Badr (la seconde bataille des marais)

L'opération Badr est une opération militaire Iranienne menée du 10 au 20 mars 1985, elle permet de capturer une portion reliant Bagdad à Bassora, mais la contre-attaque Irakienne conduit à une guerre d'usure sans fin. L'objectif principal de l'opération est donc de retenter de prendre l'autoroute, lien vital entre les deux grandes villes et pour le ravitaillement des forces Irakienne présentes sur le front. Pas loin de 100 000 hommes sont directement mobilisés, auxquels s'ajoutent 60 000 réservistes, l'Iran réorganise ses Pasdarans et ses Basij en unités plus conventionnelles, conscient de leur échec dans le passé. Bien que dépassant numériquement les Irakiens, les Iraniens étaient mal entraînés et manquaient d'équipement lourd, de blindés, d'artillerie et de soutien aérien pour appuyer l'opération, le gouvernement Iranien payant les frais de l'embargo sur les armes imposé par les Etats-Unis.

Le 11 mars, 100 000 soldats Iraniens déferlent sur l'île de Majnoon, ils débarquent à Al-Qournah, où l'Euphrate longe l'autoroute Bagdad-Bassora. Une partie de cette dernière est capturée, mais l'Irak lance une contre-offensive en faisant usage d'artillerie, de frappes aériennes et de divisions blindés depuis le nord. C'est également la première fois du conflit où des unités de la garde républicaine Irakienne sont engagées. La puissante offensive Iranienne parvient cependant à percer les lignes Irakiennes, les Pasdaran soutenus par des blindés et de l'artillerie pénètrent dans Al-Qournah par le nord. En deux jours d'offensive, les Iraniens progressent de 16 kilomètres sur le territoire Irakien. Jusqu'à 30 000 soldats Iraniens viennent prendre position sur le Tigre et le traversent en utilisant trois ponts flottants la même nuit, dont l'un était en mesure de laisser passer des véhicules. Saddam Hussein répond en lançant des attaques chimiques contre les positions Iraniennes le long de l'autoroute et en initiant la (seconde guerre des villes), bombardement des villes Iraniennes fortement peuplées, dont Téhéran. Les tranchées Iraniennes sont par ailleurs inondées par l'eau du Tigre, les Iraniens sont finalement forcés de battre en retraite, l'autoroute est reprise totalement par les forces Irakiennes.

La première bataille d'Al-Faw

La première bataille d'Al-Faw (opération Valfajr-8, Aube 8) est livrée le 11 février 1986, les Iraniens lançant une attaque surprise contre les troupes Irakiennes défendant la péninsule, la défense de la région relevait principalement de conscrit de l'armée populaire Irakienne, mal équipées leurs positions s'écroulent lorsqu'elles sont soudainement attaquées par les Pasdarans. Le 9 février 1986, l'Iran lance une vaste offensive avec 100 000 soldats organisés en 5 divisions, auxquels s'ajoutent 50 000 Pasdarans et Basij. Contrairement aux précédentes offensives, celle-ci a été préparée par des officiers vétérans qui ont commencé leur carrière sous le Chah. Une attaque de division est menée contre Bassora tandis que le gros de l'offensive se porte sur la péninsule d'Al-Faw, qui tombe après 24 heures de combats. Les Iraniens lancent un assaut amphibie de nuit et débarquent par canot pneumatique, après avoir pris la péninsule, les Iraniens construisent un pont flottant et établissent des positions défensives afin de dissuader les Irakiens de contre-attaquer.

Le 12 février, les Irakiens lancent une contre-offensive afin de tenter de reprendre la péninsule d'Al-Faw, qui est un échec après une semaine d'intense combats. L'armée régulière est alors en pleine débâcle sur le front, ce qui oblige le régime Irakien à mobiliser la Garde Républicaine, pour repousser l'armée Iranienne. Saddam Hussein envoie l'un de ses meilleur généraux, Maher Abd al-Rashid, et 20 000 soldats de la Garde Républicaine pour lancer une nouvelle contre-offensive le 24 février. Les Irakiens perdent 10 000 hommes tandis que les Iraniens perdent 30 000 hommes en l'espace de quatre jours d'affrontement. Les contre-offensives Irakiennes étaient soutenues par des hélicoptères de combat et par des frappes aériennes menées par la force aérienne Irakienne. Malgré cet avantage non négligeable et l'utilisation à outrance d'arme chimique, la péninsule reste aux mains des Iraniens. La chute d'Al-Faw et l'échec des contre-offensives Irakiennes sont un coup dur pour le régime Baassiste Irakien et conduit à des craintes chez les pays du Golfe que l'Iran pourrait gagner la guerre. Le Koweït en particulier se sent menacé par les troupes Iraniennes, présentes seulement à 16 kilomètres de son territoire et à augmenter par conséquent son soutien à l'Irak. Les Irakiens reprennent la péninsule d'Al-Faw lors de l'opération (Tawakalna ala Allah, nous nous en remettons à Dieu), en avril 1988.

L'opération Karbala

L'opération Karbala est une importante offensive Iranienne déclenchée le 24 au 25 décembre 1986 avec pour objectif de capturer la ville portuaire Irakienne de Bassora. Du fait de la lourdeur des pertes et des combats féroces ayant eu lieu entre Irakiens et Iraniens, l'opération Karbala marque le début de la fin du conflit. Le front reste stable jusqu'au déclenchement de l'opération (Nous nous en remettons à Dieu) par les Irakiens en 1988 qui aboutit au retrait des forces Iraniennes d'Irak. Alors que la guerre entre dans sa septième année les deux camps souhaitent mettre fin à l'impasse.

La cible de l'Iran est alors la ville de Bassora, qui est à la fois un port essentiel et une voix d'exportation de son hydrocarbure vitale pour l'Irak, selon les Iraniens, sa prise entraînerait la chute de Saddam Hussein. Déjà assiégé depuis 1982, les troupes Iranienne sont déterminées à livrer la (bataille finale) et à faire jonction avec les autres unités qui avaient capturé la péninsule d'Al-Faw dans le sud de l'Irak. Mais depuis le début de la guerre, la ville de Bassora a été fortifié, avec plusieurs lignes de défenses. Tout commence avec le lancement de l'opération Karbala 4 où la 21e division d'infanterie traverse le Chatt-el-Arab et débarque sur l'île d'Oum al-Rassas et sur les trois îlots de Bouarim, Tawila et Fayaz appuyé par la 41e division du génie. Ils se heurtent immédiatement aux mitrailleuses Irakiennes. Ils n'ont guère avancé, l'envoie de renfort est demandé, pendant 36 heures, plus de 30 000 Pasdarans de la force Al Qods, Karbala et Noor débarquent sur la tête de pont. L'état-major réagit et bombarde avec l'aviation cette tête de pont. Par la suite la 6e division blindée Irakienne lance un vaste coup de faux qui balaie les combattants Iraniens éparpillés le long du fleuve pendant qu'une partie du 7e corps Irakien quittent les tranchées, situées à 20 kilomètres de là, pour se ruer sur la tête de pont Iranienne. Pendant 48 heures les combats sont féroces, rien ne semble arrêter la furie des Irakiens, conscient de tenir le sort de Bassora entre leurs mains. Le 27 décembre, les Irakiens restent maîtres du terrain, ils réduisent les dernières poches et ont repris le contrôle de l'île d'Oum al-Rassas et des trois îlots voisins.

Le 8 janvier 1987, l'offensive Karbala 5 est déclenchée dans le secteur situé à l'est de Bassora face au lac des Poissons et au canal artificiel. Au crépuscule, la 16e division blindée engage la 8e division Irakienne pour la fixer le long de la frontière. Dès la nuit tombée, le corps Al Qods de Pasdarans traverse le lac des Poissons à bord d'embarcation à fond plat pour débarquer sur l'autre rive, en plein milieu de marécages, afin de prendre la 8e division à revers et poursuit ensuite jusqu'au canal artificiel. Ils établissent une tête de pont d'un kilomètre de large sur l'autre berge, au nord de Tanouma. Simultanément, la 21e division traverse elle aussi le lac des Poissons pour établir une seconde tête de pont en face de Tanouma. Elle est contre-attaquée par la 5e division mécanisée. Pendant ce temps, plus au sud, les corps Najaf et Karbala de Pasdarans se ruent à l'assaut du petit quadrilatère d'une douzaine de kilomètres carrés coincés entre le Chatt el-Arab, le sud du lac des Poissons et le canal Jassem, à une vingtaine de kilomètres à l'est de Bassora.

Pendant 48 heures, les Irakiens contre-attaquent avec les moyens limités dont ils disposent. Les Iraniens attaquent de partout, au sud, les Iraniens submergent la seconde ligne de défense naturelle sur laquelle viennent buter les Bassidjis. L'avant-garde Iranienne ne se trouve plus qu'à 16 kilomètres de Bassora, à portée de canons. Dans la nuit du 13 au 14 janvier 1987, les Iraniens déclenchent une nouvelle offensive baptisée Karbala 6 dans le secteur de Sumer. Il s'agit pour eux de s'emparer du verrou de Mandali qui contrôle la route de Bagdad, mais surtout contraindre les Irakiens à diriger leurs renforts dans cette direction, de manière à affaiblir Bassora. En cinq jours, les Iraniens bousculent les défenses Irakiennes et s'emparent de plusieurs hauteurs dominant la bourgade abandonnée de Mandali, sans parvenir toutefois à percer. Les Irakiens contre-attaque, pour la première fois depuis quatre ans, les belligérants se livrent une véritable bataille de chars au cours de laquelle les Irakiens prennent l'ascendant sur leurs adversaires. Le 17 janvier, Saddam Hussein réunit à Bagdad ses principaux généraux pour organiser avec eux la contre-offensive qui débute le lendemain dans la région de Bassora.

La 3ᵉ division blindée se dirige vers les marais pour reprendre le contrôle de la berge orientale du canal artificiel et pour isoler les fantassins Iraniens retranchés sur l'autre rive, face à Bassora. Pendant ce temps, la 5ᵉ division mécanisée, la 12ᵉ division blindée et la division de chars (Medina Mounawara) réduisent les deux têtes de pont ennemies établies de part et d'autre de Tanouma et rejettent les combattants Iraniens à l'eau. Le 29 janvier, les Iraniens, survoltés, franchissent le canal Jassem et se précipitent à l'assaut des positions ennemies. Pendant 72 heures, les vagues humaines vont se succéder sans interruption pour submerger les défenses adverses. Le 1ᵉʳ février, les Pasdarans percent le canal de Jassem, obligeant les Irakiens à se replier sur leur avant-dernière ligne qu'à 12 kilomètres de Bassora dont ils aperçoivent les abords et certains immeubles. Celle-ci connait un coup d'arrêt à cause de l'artillerie Irakienne car maintenant elle peut désormais effectuer de redoutables tirs de barrages sans craindre de frapper ses propres soldats.

Le 19 février, le commandant des Pasdarans lance un nouvel assaut dans lequel il engage toutes ses forces. La puissance de feu Irakienne parvient à tenir l'adversaire à distance mais la furie des Pasdarans et des Bassidjis est telle que ceux-ci parviennent à percer le dispositif Irakien en plusieurs endroits. Pour éviter l'encerclement, les troupes Irakienne se replie sur la dernière ligne de défense située à huit kilomètres de Bassora. Le 23 février, les Iraniens se lancent à l'assaut de la dernière ligne de défense Irakienne. Les Irakiens survoltés, repoussent les vagues humaines les unes après les autres. Leurs chars sont tous sur la brèche pour hacher les fantassins qui montent à l'assaut en rangs serrés. Le 26 février, les Iraniens, épuisés et à court de munitions décrètent la fin de Karbala 5. Pour maintenir la pression, Téhéran déclenche le 3 mars l'offensive Karbala 7 au Kurdistan Irakien, au moment même où l'armée lance en territoire Irakien une vaste opération contre le PKK. Le gouvernement Turc fait aussitôt savoir au régime Iranien qu'il ne tolérera pas que celui-ci s'empare de Kirkouk ou de Mossoul. Rafsandjani temporise, bien conscient que le rapport de force ne lui est pas favorable ni sur le plan militaire ni sur le plan économique, il se rend à Ankara pour apaiser les tensions.

Pendant ce temps, les 28ᵉ et 64ᵉ division Iraniennes ont progressé d'une quinzaine de kilomètres en direction de Rawandouz soutenue par les Peshmergas du PDK. Le 9 mars ils reçoivent l'ordre de stopper leur avance. Le pouvoir Iranien ne souhaite pas provoquer inutilement le gouvernement Turc. Durant le mois de mars, les troupes Iraniennes maintiennent le siège de Bassora et préparent l'offensive de la dernière chance. Leur chaîne logistique défaillante, peine à alimenter les combattants en vivres, en eau douce et en munitions. De leur côté, les Irakiens martèlent les lignes ennemies avec leur artillerie et renforcent leurs propres défenses. Dans la nuit du 6 au 7 avril, le commandement Iranien passe à l'offensive (Karbala 8), 60 000 Pasdarans des corps Al Qods et Karbala tentent de percer la dernière ligne de défense protégeant l'accès de Bassora. Malgré leur détermination, ils n'y parviennent pas. Les Irakiens maîtrisent le combat défensif et disposent d'une puissance de feu terrifiante. Les 9 et 12 avril, le régime Iraniens utilise pour la première fois des armes chimiques pour tenter d'emporter la victoire. A la tombée de la nuit, son artillerie déverse du gaz phosgène dans le secteur du 3ᵉ corps d'armée. Ces bombardements ne causent toutefois des pertes minimes du côtés Irakiens.

Entre-temps, Téhéran a lancé une nouvelle attaque de diversion (Karbala 9) dans le secteur de Qasr-e-Shirin. Pendant quatre jours, les 77e et 84e divisions Iraniennes affrontent la 21e division Irakienne et s'emparent de quatre hauteurs stratégiques qui dominent la route menant à Bagdad. Les Irakiens ne tombent toutefois pas dans le piège et se contentent de réorganiser leur défense avec les moyens du bord, sans déployer de nouveaux renforts. Mi-avril, les Iraniens épuisés et démoralisés, cessent l'assaut et mettent un terme à la bataille de Bassora qui aura duré un peu plus de trois mois, leur causant des pertes terribles, au moins 50 000 morts et le triple de blessés. Les Pasdarans ont particulièrement souffert, un quart de leurs cadres les plus aguerris ont été tués dans la bataille. Ebranlés, ils se retranchent sur leurs positions et maintiennent le siège de Bassora. Ses une victoire Irakienne, mais désireux de se venger, les Iraniens déclenchent au Kurdistan, le 14 avril, l'offensive Karbala 10. Il s'agit pour eux de montrer aux Irakiens que leur armée est encore capable de la bousculer. Le cœur n'y est toutefois plus. Pendant deux semaines, les corps Najaf et Ramadan de Pasdarans, soutenus par quelques milliers de Peshmergas de l'UPK, grignotent quelques kilomètres carrés dans les secteurs de Souleimanieh et de Halabja, sans parvenir à s'emparer de ces deux villes.

L'opération Nasr 4

L'opération Nasr 4 est le nom de code d'une offensive Iranienne menée en mai-juin 1987 au Kurdistan Irakien. L'opération Kerbala 5 sur le front de Bassora étant arrêté complétement par la résistance Irakienne, l'Iran décide de porter la guerre au nord et d'encercler Kirkouk. Celui-ci pouvait compter sur le soutien des combattants Kurdes Peshmerga. Après s'être approchés de Kirkouk, l'Iran lance l'opération Nasr 4 qui devient l'un des plus importants succès Iraniens du conflit. Soutenus par les Kurdes, les combattants Pasdaran sous le commandement de lieutenant-général Ali Sayad Shirazi attaquent, l'opération est un succès pour l'Iran.

Par la suite, les Iraniens lancent l'opération Zafar 7 en mars 1988 qui permet d'atteindre les faubourgs de Souleimaniye et de Darbandikhan. En représailles du soutien Kurde à l'Iran, le régime de Saddam Hussein lance l'opération Anfal, massacre qui conduit à l'élimination de 180 000 civils Kurdes et dont l'épisode le plus tristement célèbre de ce génocide est le bombardement aux gaz chimiques de la villes Kurde d'Halabja le 16 mars 1988. Pour la première fois de la guerre l'Iran attaque également les navires neutres dans le Golfe Persique en raison du soutien des pays arabes et occidentaux à l'Irak, ce qui contraint les Etats-Unis à déclencher l'opération Earnest Will.

Partie 5 : Offensives Irakiennes finales

L'opération Nous nous en remettons à Dieu

Cette opération est une série de cinq offensives Irakiennes en 1988 visant à reprendre Al-Faw, l'île de Majnoun, Dehloran et Qasr-e Chirin afin de repousser les Iraniens de l'autre côté de la frontière. Il s'agit de la plus importante opération Irakienne du conflit, mobilisant environ 1 500 000 soldats, 5 500 chars et 900 avions. Elle aboutit à la retraite de l'armée Iranienne d'Irak qui subit une défaite majeure.

La reprise d'Al-Faw

La péninsule d'Al-Faw était sous contrôle Iranien depuis 1986 après avoir lancé une attaque surprise contre la péninsule durant l'opération Valfajr-8. La prise d'Al-Faw est un coup dur pour les Irakiens, menaçant directement Bassora par le sud-est. La reprise de la péninsule est vue par Saddam Hussein comme une priorité absolue et le général Irakien Maher Abd al-Rashid a promis de la récupérer allant même jusqu'à offrir sa fille Sahar à Qoussaï Hussein, second fils de Saddam Hussein, afin de prouver sa certitude. Environ 100 000 soldats (dont 60 % issus de la Garde Républicaine Irakienne) lancent l'offensive contre quelque 15 000 volontaires Basij Iraniens. L'état-major Irakien estime que la reprise d'Al-Faw pourrait prendre quelques semaines, mais les forces Irakiennes parviennent en réalité à la recapturer en un jour du fait de l'effondrement des positions Iraniennes. Cette victoire a été rendu possible grâce aux attaques de diversion dans le nord de l'Irak, le bombardement massif du front Iranien et l'usage d'armes chimiques. Des commandos sont également déployés par hélicoptères derrière les lignes Iraniennes afin d'empêcher leur retraite. Cette victoire est également due en partie à l'utilisation par les Irakiens d'armes toujours plus sophistiquées. Une fois la péninsule reprise, les Irakiens repoussent entièrement les Iraniens hors du sud de l'Irak et tentent à nouveau une percée dans le Khouzistan qui s'avère cependant être un échec.

La bataille du lac des Poissons

A 9h30 le 25 mai 1988, l'Irak lance l'offensive contre les positions Iraniennes sur le lac des Poisson, consistant en l'un des plus grands barrages d'artillerie de l'histoire, couplé à des attaques chimiques. Les Iraniens avaient installé des tranchées, des champs de mines, des fossés anti-char et des barbelés. Environ 135 000 soldats Irakiens composés d'élément de la Garde Républicaine et du 3ème corps montent à l'assaut des positions Iraniens et percent à la rive orientale du Chatt-el-Arab, l'armée Iranienne tente une contre-offensive qui est repoussé par les Irakiens. Selon le brigadier-général Ahmad Sadik, les deux ponts furent par conséquent détruits grâce à des missiles KH-2M tirés par des Su-22M à distance de sécurité de 8 kilomètres et à une altitude de 6 000 mètres.

Enfin d'après son témoignage « Pendant ce temps, plusieurs grandes formations de MIG-23 BN, Su-22 et Mirage attaquent des camps Iraniens et leurs zones périphériques, supportés par des Su-22K armés de missile antiradar KH-28E ». Le flanc de Bassora est alors entièrement sécurisé et l'Iran a perdu une quantité considérable de blindés. En raison des revers Iraniens, Khomeiny nomme Hachemi Rafsandjani commandant suprême des forces armées, bien qu'il occupe ce poste déjà depuis quelque mois. Ce dernier ordonne une contre-attaque en Irak prévue pour le 13 juin 1988, les Iraniens infiltrent les tranchés Irakiennes et progressent d'environ 10 kilomètres en Irak et parviennent à lancer une frappe aérienne contre le palais présidentiel de Saddam Hussein à Bagdad. Après dix heures de combat, les Iraniens sont refoulés sur leur positions de départ après que l'Irak et mobilisé 600 hélicoptères et 300 avions armées de gaz sarin afin de les éliminer.

La reprise de l'île de Majnoun

Le 25 juin, l'Irak lance une opération afin de reprendre l'île de Majnoun aux mains des Iraniens, des centaines de chars montent à l'assaut des lignes Iraniennes, le rapport de force étant de 20 contre 1 pour l'armée Irakienne. La Garde Républicaine se prépare également à lancer l'attaque en bombardant l'île et en débarquant des commandos par aéroglisseurs sur Majnoun. L'assaut terrestre débute à 3h30 du matin, les Iraniens, ne disposent que de 60 blindés n'ont pas le temps de réagir face aux 2 000 blindés Irakiens déferlant sur leurs positions. La victoire est Irakienne grâce à sa grande mobilisation et puissance de feu.

L'opération 40 étoiles

Le 18 juin 1988, l'organisation des Moudjahidin du peuple Iranien appuyé par l'armée Irakienne écrase les forces Iraniennes dans le village Iranien de Mehran qui est par la suite occupé. Environ une division de Pasdaran est anéantie, les pertes Iraniennes s'élevant à environ 3 500 tués et blessés, selon le gouvernement Iranien, l'Irak a encore utilisé l'arme chimique au cours de cette offensive, les dix installations pétrolières dans la ville sont détruites.

La bataille de Dehloran et d'Al-Amareh

Le 12 juillet 1988, sur le front central, Saddam Hussein déclenche l'opération Tawakkalna'ala Allah 3 en direction de Dehloran. L'armée Irakienne mobilise environ 140 000 hommes le (4ème corps d'armée et la Garde Républicaine) soutenu par un millier de chars, un millier de canons et 100 avions. Les Irakiens s'emparent d'Al-Amareh et de Dehloran en 48 heures, progressant de 40 kilomètres en profondeur en Iran, sans quasiment aucune résistance Iranienne. Environ 10 000 soldats Iraniens ont été tués, 5 000 autres capturés ainsi que 600 blindés et 300 canons. Peu de temps après, les Irakiens se retirent du village, affirmant « ne pas souhaiter conquérir le territoire Iranien ». Le succès de cette offensive prouve au régime islamique chiite la capacité de résistance de l'Irak et l'affaiblissement conséquent de l'armée Iranienne après 8 ans de guerre et d'embargo, poussant Khomeiny à demander un cessez-le-feu.

L'opération Mersad

L'opération Mersad est le nom donné par le gouvernement Iranien (signifiant embuscade en Persan) à la dernière opération militaire de cette guerre menée par 7 000 membres de l'organisation des Moudjahidin du peuple Iranien ainsi que le gros de l'armée Irakienne basée dans le sud-ouest du pays. Les combattants de l'OMPI sont soutenus par l'armée de l'air Irakienne et engagent du 26 juillet au 30 juillet 1988 l'armée Iranienne, l'opération se solde par un échec des Irakiens. Les Iraniens attendent de pied ferme l'attaque de l'OMPI sur un front reculé, de façon que la force aérienne Irakienne ne puisse pas soutenir leur avancé. Après cela, des parachutistes Iraniens sont parachutés derrière les lignes de l'organisation des Moudjahidin tandis que les F-4 Phantom 2 et des hélicoptères d'attaque de la force aérienne Iranienne neutralisent les véhicules ennemis, la progression de l'OMPI est ainsi brusquement arrêtée.

L'armée Iranienne et le corps des gardiens de la révolution islamique se déplacent dans le nord du Khouzistan et réduisent à néant la résistance Irakienne à Kerend-e Gharb le 29 juillet. Le 30 juillet l'Iran repousse les Irakiens et l'OMPI hors de Qasr-e-Shirin et Sarpol Zahab, bien que l'Irak affirme (s'être retirée volontairement) des deux villages. Les sources Iraniennes indique que 4 500 soldats Irakiens et combattant de l'OMPI ont été tués tandis que 400 soldats Iraniens ont trouvés la mort dans la défense du pays. La branche armée de l'OMPI fût détruite lors de cette bataille. Dernière opération militaire majeur du conflit, le dernier incident entre l'Irak et l'Iran se produira, le 3 août 1988 dans le Golfe Persique après que la marine Iranienne eut fait feu sur un cargo Irakien et que l'Irak ait lancé des attaques à l'arme chimique contre des civils Iraniens. En réponse à l'invasion, l'Iran organisa l'exécution de quelque 12 000 prisonniers politiques, pour la plupart membres de l'OMPI, mais aussi d'autres membres d'autres groupes d'opposition tels que le parti Tudeh (communiste). En représailles, le chef d'état-major des forces armées Iraniennes, Ali Sayad Shirazi, est assassiné en 1999 par des membres de l'OMPI.

Partie 6 : La guerre des pétroliers

L'opération Sucre

L'opération Sucre est une opération d'aide militaire à l'Irak menée par le gouvernement Français le 7 octobre 1983, elle consista à prêter cinq avions Dassault Super-Étendard à l'Irak, qui utilisa ces appareils lors de la guerre des pétroliers. Dans le but de bloquer la navigation Iranienne dans le Golfe Persique, l'Irak commande des missiles air-mer AM-39 Exocet, le problème pour les Irakiens est que leurs Mirage F1 ne sont pas encore adaptés à l'emport de ces missiles. Les Super-Étendard le sont mais la France ne peut pas en vendre aux Irakiens car la chaîne de fabrication est arrêtée. Le gouvernement Français prend alors la décision en octobre 1982 de (prêter) à l'Irak cinq Super-Étendard propriété de la marine Française.

Les pilotes et mécaniciens Irakiens furent entraînés en 1983 à la base aéronautique navale de Landivisiau. Les cinq appareils décollèrent de Bretagne le 7 octobre pour l'opération Sucre. Après une escale technique à Solenzara en Corse, ils rejoignent le porte-avion Clemenceau entre la crête et Chypre le lendemain. Les pilotes Français atteignent ensuite leur destination finale, la base aérienne de Qayyarah en Irak (entre Mossoul et Bagdad). Les cinq appareils furent intégrés au 81 Sq Irakien, quatre pilotes Français rentrent alors en France sans leurs avions, le cinquième restant sur place comme instructeur. La première sortie opérationnelle des Super-Étendard Irakiens eut lieu début 1984, le 27 mars 1984 ils coulèrent le bâtiment-ravitailleur Sud-Coréen Heyang Ilho et endommagèrent un pétrolier Grec avec leurs missiles Exocets. En 1984 le 81 Sq Irakien aurait endommagé 58 navires au total, un Super-Étendard fut perdu pendant l'été 1984, un autre fut endommagé pendant l'été 1984 également.

Finalement les Super-Étendard restants furent rendus à la France à l'été 1985, lorsque l'Irak rend les avions restants à la France, le pays passe une nouvelle commande de 88 Mirage F1. Il s'agit de sa troisième commande de mirage F1, l'Irak disposant déjà de 89 avions de ce modèle. Entre 1983 et 1985, des techniciens Français ont aussi aidé l'armée Irakienne à monter des Exocet AW-39 sur la flotte Iranienne de Mirage ainsi que sur des hélicoptères Super-Frelon. En conséquence, selon certaine source, l'attentat du Drakkar survenue lors des attentats du 23 octobre 1983 à Beyrouth au Liban aurait été un acte de représailles de l'Iran à l'opération Sucre.

L'opération Earnest Will (volonté sincère)

L'opération Earnest Will est le nom de code d'une opération menée par l'US Navy du 21 juillet 1987 au 26 septembre 1988 visant à protéger les pétroliers Koweïtiens des attaques Iraniennes dans le Golfe Persique.

Sous les ordres du United States Naval Forces Central Command, les navires Américains escortes les onze bâtiments Koweïtien concernés par cette mesure (8 pétroliers et 3 méthaniers) rebaptisés et arborant le pavillon des Etats-Unis, confiés chacun à un commandant Américain épaulé par quelques réservistes de l'US Navy. Un croiseur, un destroyer et deux frégates de la Middle East Task Force commandé par l'Amiral Harold Bernsen escorteront toutes les deux semaines un convoi de pétroliers et méthaniers du Koweït jusqu'à la sortie du détroit d'Ormuz, dans le Golfe d'Oman.

Le premier convoi quitte le terminal Koweïtien d'Al-Ahmadi le 21 juillet en soirée, le trajet, long de 1 300 kilomètres, longe la ligne d'interdiction maritime tracée par l'Iran et passe à proximité d'îlots et de plates formes off-shore transformés en bases par le corps des gardiens de la révolution. Les Boeing E-3 Sentry AWACS de l'United States Air Force fournissent des renseignements aux forces spéciales (SEAL et le 160th Spécial Opérations Aviation Régiment) et à la marine qui a déployé une importante aéronaval. La menace des mines marines a été initialement sous-estimé et la chaine de commandement peu claire, ce qui conduisit à ce qui est appelé le Bridgeton incident, le superpétrolier SS Bridgeton de 413 842 tonnes et le méthanier Gas Prince de 48 233 tpl avancés sous la protection de trois navires de guerre Américains, le Bridgeton est entré en collision le 24 juillet avec une des neuf mines déposées par une unités de Pasdaran sur le trajet du convoi. Cela a déchiré sur 43 mètres carrés du pétrolier qui a ralenti, mais ne s'est pas arrêté.

A la suite de l'incident, le Pentagone a annoncé qu'il déploierait davantage de navires de guerre dans la région, et le secrétaire à la défense a annoncé que les Etats-Unis exerceraient des représailles contre tout pays qui poserait des mines sur le chemin des navires destinés au Koweït. Bien qu'il n'y ait aucune preuve authentifiée de la culpabilité de l'Iran, les responsables Américain était convaincus que la force Pasdaran avait mouillé des mines la veille au soir de l'incident. Après la réplique des Etats-Unis aux mouillage de mines, les attaques Iraniennes contre les navires neutres ont ainsi chuté de manière drastique.

L'opération Prime Chance

L'opération Prime Chance était une opération militaire menée par le commandement des opérations spéciales des Etats-Unis entre août 1987 et juin 1989 pour protéger les pétroliers battant pavillon Américain naviguant dans le Golfe Persique contre les attaques Iraniennes. L'opération était presque simultanée et largement liée à l'opération Earnest Will, une initiative de la marine Américaine principalement pour l'escorte de pétroliers. L'opération consistait principalement en de longues missions nocturnes de recherche et de destruction menées avec des hélicoptères de l'armée Américaine. Les missions visaient à créer un obstacle et à dissuader les forces Iraniennes désireuses de menacer la navigation internationale dans le Golfe Persique en posant des mines navales et en attaquant des pétroliers. Contrairement à l'opération Earnest Will, qui a été largement diffusé en réponse à l'appel à l'aide du Koweït, l'opération Prime Chance était secrète.

Les missions partaient de frégate et de destroyers et de deux plateformes flottantes destinées à l'origine pour l'exploitation pétrolière loués à KBR situées dans la partie nord du Golfe Persique. Les unités d'élite SEAL fonctionnaient également à partir de plateformes. Les hélicoptères de l'armée ont effectué des missions de nuit, décollant et atterrissant sur les ponts du navire couverts d'obscurité. Les pilotes, qui volaient souvent à seulement à dix mètres au-dessus de la surface de l'eau, ont été les premiers à utiliser des lunettes de vision nocturne et des caméras sensibles à l'infrarouge au combat. Parmi les tactiques adoptées figurent l'utilisation d'hélicoptères MH-6 dans les vols de reconnaissance à l'appui des AH-6 plus lourdement armés (dans des missions lancées sur plate-forme) et l'utilisation, dans le même but, de radars de navires ou d'hélicoptères SH-60 à bord (dans des missions lancées par navires). La planification et les préparatifs de l'opération ont été entrepris peu de temps après qu'un pétrolier du premier convoi formé dans le cadre de l'opération Earnest Will a heurté une mine. L'incident a mis en évidence la nécessité d'employer davantage de forces armées pour assurer la sécurité des navires civils. Les chefs d'état-major interarmées ont commencé une recherche de pilotes d'hélicoptères capables d'effectuer des missions de nuit à partir de navires de la marine et se sont mis à former des candidats aux exigences particulières requises pour la tâche. Le 5 août 1987, des hélicoptères du (160th Airborne Régiment Night Stalkers) pour des opérations militaires spéciales atteignent le navire de commandement USS La Salle dans le Golfe Persique.

En peu de temps, les opérations ont commencé à partir de plateformes pétrolières flottantes, appelées Mobile Sea Base (MSB). Organisé en unités d'action Navale Spécial Task Unit (NSWTU), les Warfare Task Group de la région. Chaque MSB est équipé de deux détachement de patrouilleurs rapides Marck 3, d'un peloton de SEAL, de Marines en service, d'hélicoptères de combat MH-6 et d'AH-6 (Little Bird) et de Black Hawks équipé pour les missions de récupération de l'armée et de contrôleur aériens de l'Air Force. La base mobile Hercule était occupée par des unités de combat navales d'élite de la côte est, y compris les patrouilleurs 777 et 758 de l'unité de bateaux spéciaux 20 et de l'unité de bateaux spéciaux 24. La base mobile Wimbrown 7 était occupée par des unités de la côte ouest, y compris les patrouilleurs 753 et 757 de l'unité spécial de bateaux 12. Earnest Will a pris environ cinq mois après le début du cessez-le-feu en juillet 1988. Wimbrown 7 a rapidement été mis au port, tandis que les patrouilles Prime Chance se sont poursuivies depuis Hercules jusqu'en juin 1989.

L'opération Eager Glacier

L'opération Eager Glacier est une opération d'espionnage, menée par des aéronefs de la CIA contre l'Iran entre 1987 et 1988 durant cette guerre, elle se déroule en même temps que l'opération Earnest Will. L'opération consistait à envoyait des avions et des hélicoptères espions au-dessus des bases Iraniennes à partir de juillet 1987. L'opération comprenait notamment deux avions de surveillance à turbopropulseur basés à Dhahran en Arabie Saoudite, pour la surveillance de l'activité des forces Iraniennes.

Des embarcations de la marine Américaine soutenaient ces opérations en se positionnant à certains endroits à des moments donnés au cas où un appareil ferait un amerrissage forcé.

L'opération Praying Mantis

La bataille des plateformes pétrolières Sassan et Sirri fut une bataille aéronaval livrée le 18 avril 1988 dans le Golfe Persique entre l'US Navy et la marine Iranienne, que les Etats-Unis remportèrent. Dans le cadre d'une opération de déminage la frégate Américaine USS Samuel B. Roberts (FFG-58) de la classe Oliver Hazard Perry fut gravement endommagé le 14 avril 1988 par une mine Iranienne. Les Etats-Unis, entretenaient de très mauvaise relation avec l'Iran et soutenaient l'Irak, décidèrent de lancer une opération de représailles, dont le nom de code fut Praying Mantis (Mante religieuse). Le 18 avril, à partir de 8 heures, plusieurs unités navales Américaines, appuyées par l'aviation embarquée du porte-avions USS Enterprise (CVN-65), attaquèrent et détruisirent les plateformes pétrolières Iraniennes Sassan et Sirri, équipés entre autres de canons antiaériens. Selon le gouvernement Américains, ces plateformes étaient utilisées comme bases par les vedettes rapides Iraniennes. A 9h25, deux hélicoptères Boeing CH-46 Sea Khight déposent les équipes de Marines sur les plateformes, ceux-ci récupèrent des équipements et documents.

Les vedettes de la marine Iranienne ainsi que des bâtiments plus importants, comme les frégates Sabalan et Sahand de type Vosper MK 5 Britannique (classe Alvand) engagèrent alors quelques heures plus tard le combat contre les Américains. Ils s'ensuivit une bataille appuyée au cours desquelles les Iraniens perdirent d'abord un patrouilleur de type combattante 2 (P 225 Joshan) qui, après avoir tiré soit un missile Sea Cat soit Harpoon à 11h30, fut détruit par quatre missiles Standard lancés par la frégate USS Simpson (FFG-56) puis un missile Harpoon tiré par la marine Américaine, une des cinq vedettes Boghammar qui avait attaqué une barge Panaméenne à 1h30 est coulé Intruder à 2h25 ainsi que la frégate Sahand, touché par deux missiles AGM-84 Harpoon, deux bombes AGM-123 Skipper 2, deux bombes à sous-munitions tirées par des avions Intruder et par un missile Harpoon lancé par le destroyer Joseph Strauss coule à 3h30, tandis que le Sabalan était très endommagé à 5h15, les responsables Américains décident de ne pas le couler.

Il y aura 87 militaires Iraniens tués et plus de 300 blessés de son côté, l'US Navy déplorait la perte d'un hélicoptère AH-1T Sea Cobra de l'USMC stationné sur l'USS Trenton (LPD-14), apparemment par accident, et le décès de deux pilotes. Selon les sources de la force aérienne de l'armée Iranienne, un des deux Mc Donnell Douglas F-4 Phantom 2 E Iraniens visé par deux missiles RIM-156 Standard tirée par l'USS Wainwright (CG-28) à 12h50 aurait également subi des dommages importants lorsque ceux-ci l'ont frôlé, ce F-4 ayant quand même pu rentrer à sa base en Iran.

En 1992, l'Iran dépose une requête devant la cour internationale de justice, demandant un milliard de dollars de dommages et intérêts aux Etats-Unis, suivi par ces derniers, qui réclament à leur tour des dommages et intérêts à l'Iran pour ses opérations contre le commerce pétrolier dans le Golfe Persique, le 6 novembre 2003, chaque requête fut rejetée, la cour les estimant non fondées.

Partie 7 : Incident Internationaux

L'opération Opéra

L'opération Opéra appelé également opération Babylone ou Ofra en Hébreu est une intervention militaire Israélienne qui se déroula le 7 juin 1981. En 1976, l'Irak avait acheté Osirak de classe Osiris à la France qui est un ancien réacteur nucléaire expérimentale de 70 MW située en Irak dans le centre de recherche nucléaire d'Al-Tuwaitha dans la banlieue sud-est de Bagdad. Celui-ci devait officiellement servir à des fins de recherches scientifiques et non militaire mais les Israéliens virent ce projet d'un mauvais œil, suspectant l'Irak de vouloir utiliser la centrale dans le cadre de son programme clandestin d'armes de destruction massive décidé dans les années 1970. Pour empêcher l'Irak de devenir une puissance nucléaire, Israël lança l'opération Opéra dans le but de détruire la centrale avant qu'elle ne contienne des éléments radioactifs. L'intervention consista en une attaque aérienne qui détruisit le site et fait onze morts dont un ingénieur Français.

Pour renvoyer le programme nucléaire Irakien, Israël puis l'Iran firent plusieurs tentatives, le 6 avril 1979, le Mossad mène une opération commando à l'intérieur de l'usine de construction navales et industrielles de Méditerrané (CNIM), à la Seyne-sur-Mer (VAR). La cuve en acier du réacteur d'Osirak est détruite au moyen de bombes à charge creuse, la France répare les dégâts, mais dans la nuit du 13 au 14 juin 1980, le Mossad égorge dans un hôtel Parisien l'Egyptien Yahya Al-Meshad, membre de la commission atomique Irakienne, par la suite, des ingénieurs du commissariat de l'énergie atomique reçoivent des lettres de menaces.

Le 30 septembre 1980, au début de la guerre, deux chasseurs-bombardiers F-4 Phantom de la force aérienne islamique d'Iran attaquent avec douze bombes MK82 (fournies par le Mossad et importé en Iran au moyen d'un Boeing 707 non immatriculé) le centre de recherches de Tuwaitha à Bagdad mais sans toucher directement les deux réacteurs Osirak et Iris. Il s'agit de la première attaque militaire visant un site nucléaire. Selon le renseignement Israélien, l'été 1981 serait la dernière chance d'opérer contre le réacteur sans provoquer de pollution radioactive, car à ce stade, le réacteur n'était pas opérationnel et n'était pas encore chargé avec son combustible nucléaire. A cette date, l'installation était défendue par un site de SA-6 Gainful (2 kilomètres au sud), des missiles Roland 2 placés à 500 mètres du réacteur et de 30 à 40 canons de 23 et 57 mm contrôlés par radar.

L'attaque aérienne eut lieu le 7 juin 1981 contre le réacteur nucléaire d'Osirak sur le territoire Irakien (situé à 17 kilomètres au sud-est de Bagdad) menée par huit F-16 des 110ème et 117ème escadron armés de deux bombes MK84 d'une tonne (soit seize kilos de charge militaire destinées à détruire la cible) de deux AIM-9L Sidewinder et de trois bidons de carburant supplémentaires, escortés par six F-15 C armés de missiles Israéliens Shafrir et Python d'Etzion. Ils effectuèrent un vol de 1 600 kilomètres passant par le sud de la Jordanie puis le long de la frontière de l'Arabie Saoudite à une altitude de 244 mètres puis de 150 pieds (46 mètres) à l'intérieur de l'espace aérien Irakien. Des problèmes survinrent avec des réservoirs de carburant externes de F-16 A, ils furent largués au-dessus de désert Saoudien.

Environ 20 kilomètres à l'est du réacteur, les F-16 déclenchèrent la postcombustion à pleine puissance et commencèrent une ascension. Au sommet de la boucle, ils identifièrent la cible, plongèrent à la vitesse de 600 nœuds (1 100 km/h) à 35° et larguèrent les bombes à une altitude de 3 500 pieds (1 kilomètres), visant la base de la structure et libérant des leurres afin d'éviter la lutte antiaérienne. Tous les pilotes larguèrent leurs bombes dans des intervalles de 5 secondes, le retour fut à haute altitude, à la limite des réserves de carburant, l'escorte de F-15 dont 4 avaient quitté le groupe pour faire diversion n'eut pas à intervenir. Deux semaines après l'attaque d'Osirak, Israël admet qu'elle a déjà la capacité de développer ses propres armes nucléaires. Un civil Français Damien Chaussepied, un ingénier INSA de 25 ans, qui travaillait pour Air Liquide et le CEA, fut tué dans ce raid ainsi que dix soldats Irakiens. A la suite du raid, la livraison des quatre derniers F-16 d'une première commande de 75 exemplaires à Israël par les Etats-Unis, dont les premiers exemplaires arrivèrent en juin 1980, fut stoppée après ce raid pour plusieurs mois par le gouvernement des Etats-Unis.

L'incident de l'USS Stark

Cet incident a eu lieu le 17 mai 1987 dans le Golfe Persique durant cette guerre, un aéronef Irakien non identifié, très probablement un Falcon 50 modifié, tire deux missiles Exocet AM39 sur la frégate Américaine USS Stark (FFG-31), l'attaque tue 37 marins de l'US Navy et fait 21 blessés.

Le vol Iran Air 655

Le 3 juillet 1988, l'Airbus A300 du vol Iran Air 655 reliant Bandar Abbas (Iran) à Dubaï aux Emirats Arabes Unis, est abattu par des missiles tirés par les croiseurs Américains USS Vincennes (CG-49), au-dessus du Golfe Persique, l'accident fait 290 victimes, dont 66 enfants.

Le signal radar de l'avion de ligne de la compagnie Iran Air a été confondu avec celui d'un avion de combat Iranien F-14 ayant décollé de Bandar Abbas juste après lui, conduisant le commandant du croiseur à ordonner d'abattre la cible. Les Etats-Unis ont d'abord nié leur responsabilité, le président Reagan a exprimé ses « regrets » tout en justifiant une « action défensive approprié ». C'est la plus grande catastrophe aérienne de l'histoire de l'Iran, ainsi que la plus meurtrière impliquant un Airbus A300. L'avion de vol 655 d'Iran Air ne monte qu'à 4 300 mètres (14 000 pieds), ce qui est relativement bas pour un vol commercial. L'appareil qui assure ce vol, un Airbus A300 B2-200 (immatriculé EP-IBU), est alors sous la supervision du commandant de bord Mohsen Rezaian (37 ans), un pilote vétéran de la compagnie aérienne avec 7 000 heures de vol à son actif, ainsi que du copilote Kamran Teymouri (31 ans) et de l'officier mécanicien navigant Mohammad Reza Amini (33 ans). Au même moment, la frégate USS Elmer Montgomery (FF-1082) se trouve face à des embarcations puis à treize vedettes Iraniennes, le commandant demande à sa hiérarchie ce qu'il doit faire, on lui répond qu'il doit seulement envoyer son hélicoptère Sikorsky SH-60 Seahawk. Le commandant de l'USS Vincennes (CG-49) désobéit à cet ordre direct, en plus d'envoyer son hélicoptère, il déplace son navire vers l'USS Elmer Montgomery, cela met l'équipage sous tension, ce qui aura de graves conséquences.

L'hélicoptère essuie quelques coups de feu de la part des Iraniens, la situation vue du Vincennes est délicate, un engagement en surface était possible, avec un avion de patrouille maritime P-3F Orion de l'armée de l'air Iranienne qui patrouille au nord de sa position. Alors que le Vincennes reçoit l'autorisation de tirer sur deux embarcations qui viennent sur lui, il détecte un vecteur aérien en approche à 80 kilomètres qui ne correspond à aucun plan de vol connu à bord et qui ne répond pas aux appels. Quelques minutes plus tard, le navire ouvre le feu sur les embarcations Iraniennes à l'origine de l'attaque de l'hélicoptère Américain, le radar identifie l'avion en approche comme potentiellement ennemi, selon son code de reconnaissance. Les marins pensent avoir à faire à un avion de combat F-14, enfaite un F-14 a bien décollé de Bandar Abbas, juste derrière l'Airbus civil, et c'est l'identification du F-14 qui mènera à la confusion. De plus, l'opérateur radar déclare que l'avion est en descente alors que les instruments du croiseur indiquent qu'il est monté. Personne ne vérifie l'information indiquant que l'avion hostile serait en descente, et le commandant de l'USS Vincennes, le Capitaine Will Rogers, décide de lancer deux missiles surface-air RIM-66 Standard pour abattre l'appareil situé à onze nautiques (20 kilomètres) de sa position. A moins de dix nautiques de distance, il aurait été impossible d'atteindre la cible, l'équipage de l'USS Vincennes se rend compte de la terrible méprise quelques minutes plus tard. Les pilotes Iraniens ont capté les trois appels sur la fréquence d'urgence civil, l'équipage n'a sans doute pas compris que le message leur était destinés. Les marins décrivent l'appareil en approche de son cap et sa vitesse au sol, même si le cap est correct, l'indication de vitesse ne correspond pas à la vitesse air fourni par l'Airbus et la différence est notable (environ 50 nœuds de différence).

Le Vincennes ne mentionne ni le couloir aérien ni le code transpondeur qui auraient permis une identification. L'utilisation du radar de l'USS Vincennes est mise en cause également, le personnel étant encore peu familiarisé avec cette technologie. La Navy avait une liste des vols civils prévus pour la journée du 3 juillet, toutefois les différents fuseaux horaires ont compliqué l'identification du vol 655 qui avait pris du retard sur l'horaire prévu. Enfin, un opérateur du navire de guerre croit voir (à tort) l'appareil perdre de l'altitude, une manœuvre d'attaque typique. Cet avertissement influence la capitaine de l'USS Vincennes qui donne l'ordre de tirer, après avoir hésité longuement. Une des causes techniques est décrite dans un des chapitres consacrés à la liaison 16. En 1990, Rogers Charles (ancien lieutenant-colonel) réussit à récupérer auprès de l'organisation international de l'aviation civile une copie intégrale du rapport d'enquête qui indique qu'au moment du tir le croiseur Américains était à plus de quatre kilomètres à l'intérieur des eaux territoriales Iraniennes. En poursuivant les vedettes, le commandant Rogers a violé l'espace Iranien et placé son navire juste sur la trajectoire du vol 655. Si le commandant Rogers n'avait pas désobéi à un ordre direct, il n'aurait pas mis son équipage sous tension et il n'aurait pas été dans la trajectoire de l'Airbus. Après que l'Iran eut porté le cas devant la cour international de justice, les victimes de cet accident ont été indemnisés (environ 300 000 dollars) par victimes.

Chapitre 4

Les armes chimiques

Dès 1983, des armes chimiques (sarin, gaz moutarde, tabun et du cyclosarin) sont utilisé par l'Irak, à la fois contre l'armée Iranienne mais également contre les populations civiles et plus particulièrement contre les Kurdes, sans réaction notables de la communauté internationale bien que l'Irak soit signataire en 1931 du protocole de Genève de 1925, interdisant l'utilisation des armes chimiques. Le groupe Australie estime à environ 70 000 le nombre de victimes Iraniennes, dont 10 000 morts (dans leur très grande majorité des soldats) à la suite de l'emploi de ces armes. Selon une source officielle Iranienne chargée du traitement des blessés chimiques, les pertes Iraniennes par armes chimiques durant cette guerre seraient même de 100 000 blessés ou tués. Le 16 avril 1987, l'Iran accuse l'Irak d'avoir utilisé l'arme chimique sur les villages frontaliers d'Alout et de Kandar près de la ville Baneh, affirmant également que dix villageois sont blessés lors de ces attaques et accusant ensuite l'Irak d'avoir utilisé l'arme chimique le 21 avril 1987, dans la région de Baneh et Sardasht et d'y avoir blessés 60 personnes. Un rapport d'expert de l'ONU envoyé par le secrétaire général de l'ONU pour enquêter en Iran sur les allégations d'utilisation d'armes chimiques daté du 8 mai 1987 confirme que des militaires et des civils de la région de Baneh ont été blessés au gaz moutarde.

Le 28 juin 1987, l'Irak utilise l'arme chimique sur la ville de Sardasht en Iran, tuant une centaine de personnes et en blessant au moins 2 000. C'est la seconde fois que l'arme chimique est utilisée sur une population urbaine depuis la seconde guerre mondiale (l'Egypte avait utilisé de l'ypérite sur des villages du Nord-Yémen dans les années 1960). Le 17 mars 1988, l'armée Irakienne utilise des armes chimiques sur la ville Kurde d'Halabja qui causent la mort de près de 5 000 habitants. La poursuite de l'utilisation des armes chimiques dans la guerre est énergiquement condamnée par la communauté européenne le 25 mai 1987 et par le conseil de sécurité de l'ONU le 9 mai 1988. Le régime Irakien a expliqué que c'était l'œuvre de l'armée Iranienne, cette thèse a été à l'époque également défendue quelque temps par l'administration Américaine. On estime que durant cette période, plus de 150 000 Kurdes ont été exposés à des armes non conventionnelles. Joost R. Hiltermann, un des directeurs de l'international Crisis Group, a fait remarquer à ce sujet que l'administration Reagan n'a jamais apporté une seule preuve de ses allégations d'usage d'armes chimiques par l'Iran. D'ailleurs, la démoralisation des soldats Iraniens du fait des attaques chimiques de l'armée Irakienne, l'impossibilité pour l'Iran de pouvoir riposter de la même manière et la peut d'une attaque chimique sur Téhéran, qui aurait eu des conséquences désastreuses, expliquent en partie la volonté de Khomeiny d'accepter le cessez-le-feu du 18 juillet 1988.

Le 22 juillet l'aviation Irakienne utilise les armes chimiques sur le village Iranien de Zarde, 275 habitants sont tués et des centaines de blessés sont à déploré. Le 2 août 1988 a lieu la dernière attaque chimique Irakienne de la guerre, la ville d'Oshnaviyeh est bombardé par un avion Irakien et au moins un millier de personnes sont blessés. Selon les déclarations écrites de l'Irak à l'ONU en 2002 sur son programme chimique, tout le matériel et les connaissances ayant pour but de mettre au point ce programme viennent des pays suivants (Singapour, Pays-Bas, Egypte, Inde, RFA, Luxembourg, Brésil, France, l'Autriche, l'Italie et les Etats-Unis). Il est à souligner que l'URSS ne semble avoir fourni une aide au programme.

L'intérêt pour l'Irak d'avoir utilisé l'arme chimique pendant cette guerre semble en partie due à son faible coût. En effet d'après un document déclassifié de la CIA, le programme chimique Irakien aurait coûté 200 millions de dollars de 1974 à 1984 contre 75 milliards de dollars de dépenses militaires Irakiennes totales sur la même période. Le coût du programme chimique Irakien ne représenterait donc que 0,27 % des dépenses militaires Irakiennes totales sur cette période.

Chapitre 5

Implication extérieure

Implication des pays arabes

Au moment où éclate la guerre, les dirigeant arabes comprennent qu'il leur faut prendre position. Ce conflit n'a rien à voir avec l'affrontement Est-Ouest, il n'a rien à voir non plus avec le guerre Israélo-Arabe, qui aurait permis aux arabes de s'unir derrière une même bannière. Il n'a rien de commun avec les conflits de décolonisation, puisque les régimes Irakiens et Iraniens se revendiquent tous deux comme anticolonialistes, nationalistes et tiers-mondistes, il oppose aussi deux nations musulmanes. Difficile donc de définir une ligne idéologique qui permettrait de guider un choix d'autant plus délicat que le monde arabe est profondément divisé par plusieurs lignes de fracture monarchies (conservatrice), contre républiques (progressistes), régimes laïcs contre régimes islamique, états prosoviétiques, états acceptant de discuter avec Israël contre ceux appartenant au front du refus, états rentiers contre pays pauvres. Ces divergences, parfois radicales, transparaissent à travers quatre dossiers majeurs qui divisent la ligue des états arabes.

La question Palestinienne ; la conflit Yéménite (entre le sud marxiste et le nord pro-saoudien) ; le conflit du Sahara occidental (entre le Maroc et le front Polisario soutenu par l'Algérie) ; la définition d'une politique de prix concertés au sein de l'OPEP. Face à la guerre Iran-Irak qui transcende ces lignes de fracture, les dirigeants arabes se positionnent donc en fonction de leurs intérêts, de la nature de leurs relations bilatérales avec Bagdad ou Téhéran, mais surtout de leurs rivalités, car plusieurs d'entre eux ambitionnent d'imposer leur leadership sur l'espace arabophone. Ils sont cependant d'accord sur un point, tout doit être mis en œuvre pour éviter que ce conflit ne se transforme en un affrontement militaire entre Américains et Soviétique, dont les arabes en feraient impitoyablement les frais. Le pragmatisme l'emporte donc sur toutes considérations historiques, ethniques ou religieuses.

Le roi Hussein de Jordanie

Dès le 23 septembre 1980, le roi Hussein de Jordanie est le premier à réagir et se placer sans réserve au côté de Saddam Hussein. Au-delà du principe de solidarité arabe qu'il invoque, sa position répond à des intérêts de realpolitik. Une défaite de l'Irak laisserait la Jordanie dans une situation très inconfortable, sans profondeur stratégique face à Israël, pressé entre la Syrie et l'Arabie Saoudite toutes deux désireuses d'étendre leur influence sur le royaume hachémite. Le roi Hussein suspect les mollahs Iraniens de vouloir déstabiliser son royaume pour y installer une république fondamentaliste dont les manettes seraient confiées aux Palestiniens. Toutes ces raisons expliquent pourquoi le monarque Jordanien s'est rapproché de Bagdad qui lui procure de précieuses garantit de sécurité et du pétrole à bon compte, en échange de l'accès permanent au port Jordanien d'Aqaba. De fait, la route Bagdad-Aqaba, modernisée à grand frais par Saddam, devient un axe logistique majeur pour l'Irak.

La Jordanie étant pauvre, le roi Hussein ne peut guère aider l'Irak financièrement, mais lui apporte tout son appui diplomatique. Il se fait notamment le porte-parole des Américains qui n'entretiennent pas de relation directe avec Saddam. Pour aider militairement Bagdad, il autorise l'armée de l'air Irakienne à disperser ses avions sur sa base aérienne H-5, près de la frontière Irakienne, et à s'y ravitailler. Il encourage les pilotes de chasse Irakiens à venir s'entraîner au-dessus de son territoire pour se confronter aux F-5 Jordaniens, similaires à ceux équipant l'armée de l'air Iranienne. Il laisse aussi des ingénieurs Irakiens examiner ses missiles antiaériens Hawk, identiques à ceux mis en œuvre par l'Iran, afin de leur permettre de mettre au point les meilleures tactiques évasives. Il ferme les yeux sur les armes à destination d'Irak qui transitent par la Jordanie. Lorsque Bagdad recevra ses premiers Mirage F-1 livrés par la France, le roi Hussein mettra à la disposition des Irakiens une partie de sa propre flotte de Mirage. Enfin, à partir du moment où l'Iran pénétrera en territoire Irakien, le roi Hussein dépêchera sur place sa brigade mécanisée (Yarmouk) pour aider Saddam à tenir le front. Il autorisera plusieurs milliers de volontaires Jordaniens à s'enrôler dans l'armée Irakienne pour la durée des hostilités.

L'engagement sans faille du roi Hussein auprès de l'Irak, lui permettra d'engranger de nombreuses retombées positives sur le plan économique. Aqaba se transformera en une prospère zone portuaire qui deviendra le poumon économique du royaume. Le réseau routier sera considérablement amélioré, entraînant l'essor de nombreuses compagnies de transport. Les prébendes liées aux trafics alimentant l'Irak permettront l'embellissement de la capitale, Amman. Au Maghreb, le roi Hassan II du Maroc et le président Habib Bourguiba de Tunisie emboîtent immédiatement le pas de leur alter ego Jordanien. Ils déclarent leur soutien à Saddam Hussein, chacun pour des raisons différentes. Le roi Hassan II soutient politiquement et religieusement Saddam Hussein car le président Irakien a toujours été contre tout mouvement séparatiste, car le Maroc se bas contre le front Polisario soutenue par l'Algérie pour obtenir leur indépendance. Par contre, l'Algérie est plus encline à soutenir l'Iran, raison de plus de soutenir l'Irak car le Maroc a toujours été le rival de l'Algérie, de ce faite, le Maroc a mis à la disposition de l'Irak un contingent de (volontaire) issus de l'armée régulière. Le président Bourguiba pour sa part, voit l'Irak Baassiste à la fois un modèle de société arabe laïque, du genre de celle qu'il s'escrime à instaurer en Tunisie, et un rempart contre le fanatisme religieux de l'Iran qu'il craint plus que tout. Tout comme Hassan II, Bourguiba n'est pas mécontent non plus de soutenir le président Irakien, qui se permet de tenir la dragée haute aux responsables Algériens que les Tunisiens soupçonnent de mille conspirations à leur égard. Le soutien du président Bourguiba est d'autant plus crucial pour Saddam que depuis la mise à l'index de l'Egypte, la Tunisie abrite le siège de la Ligue des Etats Arabes. Le roi Khaled d'Arabie Saoudite se range lui aussi du côté de Saddam, mais avec un peu moins d'enthousiasme. Bien évidemment, il ne peut faire autrement que de soutenir l'Irak en qui il voit un bouclier face au prosélytisme agressif du régime Iranien. Saddam l'avait de toute façon informé de son projet et il n'avait eu d'autre choix que de l'appuyer du bout des lèvres. Le président Saoudien se méfie toute fois du dictateur Irakien, qu'il suspecte de nourrir une ambition démesurée pouvant affecter à terme la souveraineté même des monarchies du Golfe.

De son point de vue, il ne faudrait pas que Saddam sorte trop renforcé de sa croisade contre l'Iran, il convient donc de l'appuyer pour éviter qu'il ne perde, sans toutefois lui donner les moyens de vaincre de manière éclatante. Un statu quo entre les deux belligérants constituerait en fait une solution idéale pour le roi Khaled dont les priorités consistent à renforcer son assise financière et sa position dominante au sein de l'OPEP, à prévenir la présence trop visible de troupes étrangères sur son territoire afin d'honorer son rôle de gardien des lieux saints et, enfin, à mettre en place une architecture de sécurité régionale organisée autour de l'Arabie Saoudite qui pourrait lui permettre de résoudre à son avantage l'épineux conflit Yéménite. Pour atteindre ces objectifs, Khaled sait qu'il lui faut ménager l'Irak, il assure Saddam Hussein de son soutien et lui promet d'importants prêts qui lui permettront de financer cette guerre contre l'Iran (un total de 60 milliards de dollars à l'Irak de 1981 à 1988). Il lui garantit un droit de transit pour acheminer les armes achetées par l'Irak un peu partout à travers le monde. Il assure aussi le transit de marchandises à destination d'Irak. Enfin, il accepte de vendre 300 000 barils de pétrole par jours extraits de la zone neutre pour le compte de l'Irak, afin de compenser en partie les pertes de revenue supportée par Bagdad.

Cette petite zone de 7 000 kilomètres carrés, coincée entre l'Irak et l'Arabie Saoudite, résulte du protocole d'Uqair conclu en 1922 entre le royaume de Nedjed et la puissance mandataire Britannique. Cet accord endossé ensuite par l'Arabie Saoudite et l'Irak autorise chacune des deux parties à l'exploiter librement, à condition de n'y construire aucune installation militaire. Cet accord disparaîtra après la deuxième guerre du Golfe de 1991. Les autres pétromonarchies sont divisées sur l'attitude à adopter. L'émir Jaber de Koweït et l'émir Issa de Bahreïn sont les plus réticents à soutenir ouvertement Bagdad et provoquer ainsi ouvertement Téhéran, car ils se savent vulnérables. Le premier, conscient que la frontière Iranienne ne se trouve qu'à quelques encablures de la sienne mais n'oublie pas non plus que l'Irak rêve depuis toujours de récupérer le Koweït qu'il considère comme sa neuvième province. Il ne faudrait pas que Saddam profite de la confusion des combats pour étendre son emprise sur l'émirat. Le second doit composer avec une population majoritairement chiite, soutenue en sous-main par l'Iran. Les risques de déstabilisation sont d'autant plus réels que chacun garde à l'esprit les événements sanglants de La Mecque, l'année passée, qui ont secoué l'ensemble des dirigeants du Golfe.

Jaber multiplie les contacts tous azimuts afin de ne pas tomber sous la coupe d'un des belligérants et pour montrer sa bonne foi à la communauté internationale, sa stratégie est de ramener un maximum d'acteur dans le Golfe, mais Jaber est réaliste et sait qu'il lui faut ménager Saddam, il l'assure discrètement de son appui financier et logistique. Le Koweït devient alors le second bailleur de fonds de l'Irak, après l'Arabie Saoudite (il lui versa 15 milliards de dollars de 1981 à 1988). L'émir Issa se place en revanche sous la double protection militaire de l'Arabie Saoudite et des Etats-Unis, appelant de ses vœux une plus forte présence militaire occidental dans la région. Le cheikh Khalifa al-Thani du Qatar, proche du roi Khaled, s'aligne lui aussi sur sa position Saoudienne et soutient ouvertement Saddam Hussein, mais ne le gratifie que d'une aide financière symbolique. Cheikh Zayed, souverain d'Abu Dhabi et à ce titre président de la fédération des Emirats Arabes Unis, adopte une posture nuancée. Il se range du côté de Bagdad par la solidarité arabe, mais affirme sa volonté de poursuivre des relations cordiales avec Téhéran, malgré l'occupation des îles Tomb et Abou Moussa par l'Iran.

Il est vrai que le nouveau complexe portuaire de Djebel Ali, de même que la ville de Dubaï, s'imposent depuis peu comme les plaques tournantes du commerce avec l'Iran, générant de juteux bénéfices pour les EAU. Cheikh Zayed n'en contribuera pas moins au financement de l'effort de guerre Irakien à hauteur de 5 milliards de dollars. L'Arabie Saoudite, le Koweït et les autres monarchies de la péninsule Arabique ont largement financé l'effort de guerre Irakien par crainte d'une contagion révolutionnaire vers leurs propres populations chiites. L'Arabie Saoudite a ainsi déboursé entre 1980 et 1988 près de 25 milliards de dollars pour financer l'armée Irakienne. Le contentieux des dettes de guerre, dues par l'Irak, a d'ailleurs été une cause de l'invasion du Koweït par l'Irak en 1990. La Syrie au contraire, a tenté d'affaiblir l'Irak en coupant l'oléoduc reliant Kirkouk au port Syrien de Baniyas. Les exportation Irakiennes de pétrole auraient été ruines sans l'ouverture d'une nouvelle ligne par la Turquie. L'Egypte a aidé indirectement l'Irak en lui fournissant deux millions de travailleurs pour remplacer ses hommes mobilisés et a collaboré activement dans le développement de matériel militaire. Israël, ancien allié de l'Iran du Chah, avait des raisons de redouter le Panislamisme de la République Iranienne et le Panarabisme de l'Irak. Selon Ronen Bergman, Israël avait vendu à l'Iran pour 75 millions de dollars en 1981 avec pour objectif de rétablir l'influence depuis la défaite de Chah en 1979. Et à plus de cent millions selon John Bulloch en 1983. L'état d'Israël fut également l'un des principaux fournisseurs d'armes des forces aériennes Iraniennes. Selon l'analyse de Amnon Kapeliouk dans le monde diplomatique, le pays choisit de laisser se prolonger la guerre afin de voir deux ennemis s'affaiblir et détourner l'attention de l'opinion publique du problème Palestinien.

Décision des dirigeants d'Oman, d'Egypte et d'Algérie

Dans le Golfe, c'est le Sultan Qaboos d'Oman qui adopte la position la plus réservée, puisqu'il refuse de prendre parti pour l'un ou l'autre des deux belligérants et se pose en médiateur prêt à faciliter toute tentative de conciliation. Ce choix s'explique par la géographie, le sultan contrôle le détroit d'Ormuz. Il se doit d'en être le gardien et d'assurer la liberté de circulation à travers ce corridor stratégique. Il est plus économiquement dépendant de l'Iran et doit tenir compte du poids d'une important minorité chiite et sait que ce sont les autorités Iraniennes qui l'ont aidé à mater la rébellion du Dhofar, quelques années plus tôt. Il ne peut donc pas se permettre d'indisposer Téhéran. C'est pour cette raison qu'il n'apportera aucune aide à Bagdad. Pour garantir sa sécurité, le souverain Omanais mise sur la présence Américaine et Britannique qui permettent à Washington et Londres de surveiller au plus près l'activité navale et aérienne autour du détroit d'Ormuz. En Egypte, le président Anouar el-Sadate est pris entre deux feux, il ne peut faire autrement que soutenir verbalement l'Irak non par solidarité arabe, mais par détestation du régime islamique Iranien qu'il considère comme la plus grande menace pour la stabilité du monde arabe. Il craint qu'une victoire de l'Iran ne renforce le mouvement des Frères Musulmans dans son propre pays et ne déstabilise son régime.

Il n'est cependant pas prêt à aider Saddam Hussein, qu'il voue aux gémonies depuis que celui-ci a critiqué férocement l'attitude du Raïs Egyptien qui s'est permis de conclure une paix séparée avec Israël. Depuis, Sadate a été ostracisé par ses pairs et banni de la Ligue Arabe et de L'organisation de la Conférence Islamique. Il n'a donc aucune raison de se montrer conciliant envers le dictateur Irakien. Ce ne sera qu'après son assassinat par le Tanzim al-Djihad, le 6 octobre 1981 que son successeur, Hosni Moubarak, au nom du Panarabisme qu'il se rapprochera de Bagdad. Dès le début de l'année 1982, le président Moubarak apportera un soutien matériel conséquent à Saddam Hussein (pièces de rechange pour ses nombreuses armes d'origines Soviétique, munitions et missiles en tous genres, chars T-55, et même une trentaine de chasseurs bombardiers Su-7). Ces derniers étant jugés obsolètes et en trop mauvais états, les Irakiens les utiliseront comme leurres sur leurs aérodromes. Pour se faire pardonner, le raïs enverra sur place l'un de ses escadrons de chasse équipés de Mirage V pour appuyer la défense du front Irakien. Il autorisa également le déploiement en Irak d'une centaine de pilotes et de plusieurs centaines de techniciens qui contribueront à mettre en œuvre la flotte de MIG de Saddam. Enfin, il acceptera que parmi le million d'Egyptien résidant en Irak, plusieurs dizaines de milliers, moyennant un bon salaire, s'engage dans l'armée Irakienne pour la durée des hostilités. Cette assistance permettra l'instauration d'un véritable axe entre Bagdad, Amman et le Caire, qui contrebalance l'axe Téhéran, Damas et Tripoli. Hosni Moubarak sera payé de retour puisque l'Egypte réintégrera l'Organisation de la Conférence Islamique en 1984 et reprendra par la suite la direction de la Ligue Arabe, grâce aux efforts conjugués de Saddam Hussein et Tarek Aziz.

Le président Algérien Houari Boumediene se trouve lui aussi dans une situation délicate, car il a de bonnes raisons de soutenir à la fois l'Irak et l'Iran. Comme l'Algérie, ces deux pays ont résolument affirmé leur volonté d'indépendance et de modernité et ont tourné le dos aux occidentaux. Ce sont également d'important acteurs du jeu pétrolier. Le pouvoir Algérien ne souhaite donc entrer en conflit ni avec l'un ni avec l'autre, il aspire également à être reconnu comme un médiateur crédible, capable d'apporter une plus grande stabilité au Moyen-Orient. De manière très cohérente, le président Boumediene revendique une position neutre, proposant ses bons offices aux deux belligérants. Il n'en est pas moins décidé à avantager en sous-marin l'Iran, car il a quelques raisons d'en vouloir à Saddam Hussein, comme le soutien au Maroc pour le Sahara Occidental, et aussi il a commis le crime de lèse-majesté de dénoncer l'accord d'Alger pour lequel le président Algérien s'était beaucoup investi, le président Algérien n'ira toutefois pas jusqu'à soutenir financièrement ou matériellement l'Iran, dont il critique la dérive théocratique totalitaire, en donnant simplement un soutien diplomatique, qui, espère-t-il, devrait lui permettre de compter sur l'appui de Téhéran au sein de l'OPEP. Des pays et des organisations internationales ont tenté à plusieurs reprises des médiations pour cesser le conflit, dont l'Algérie, l'Irak donnera à ce pays une réponse négative, le 3 mai 1982, un avion Gulfstream 2 du gouvernement Algérien avec quatorze personnes à bord dont le ministre des affaires étrangères de l'époque, en route pour Téhéran fut abattu par un appareil MIG-25 de l'armée de l'air Irakienne.

Implication de l'URSS

L'union Soviétique, liée à l'Irak par un accord de coopération depuis 1972, proclama dès le début du conflit sa neutralité, coupant sur le champ les livraisons d'armes à l'Irak après son agression contre l'Iran, les accords sur les livraisons ne valaient que pour les cas de défense contre une attaque éventuelle et non pour une invasion Elle les reprit dès 1981 en livrant notamment des bombardiers Tu-22 Blinder et dépêche un fort contingent de conseillers militaires pour l'entretien de son matériel. Début 1985, les Irakiens décident de frapper Téhéran avec leur MIG-25 R. Le problème est que Moscou a toujours refusé de leur livrer des bombes spéciales FAB-500 T munies d'une enveloppe de protection thermique, ainsi que les attaches correspondantes. Les Irakiens ont alors l'intention d'équiper leurs Foxbat de bombes de fabrication Espagnole. Les Soviétiques protestent et leur offrent de transformer tous les MIG-25 R Irakiens au standard RB. En plus, ils leur livrent des immenses réservoirs largables de 5 000 litres et modifient les RB pour pouvoir les transporter. La première attaque menée par des MIG-25 avec des FAB-500 T sur une cible dans une ville Iranienne a lieu à Ispahan, le 10 mars 1985. L'URSS maintient le contact avec les deux belligérants et œuvra à améliorer ses relations avec Téhéran, deux accords de coopération furent signés en juillet 1981. Moscou livrant plusieurs centaines de millions de dollars de matériels militaire à l'Iran directement ou en passant par des pays tiers dont des obusiers M 1954 envoyés dès l'ouverture du conflit, un contingent de conseillers militaires vient en Iran 3 000 hommes mi-1983, et 4 200 en mars 1987, une station d'écoute Soviétique fut installé dans ce pays, des officiers Iraniens entrèrent dans des écoles militaires et il y eut une coopération entre les services de sécurité. Quant à Bagdad, les Irakiens recevront ainsi de la Roumanie, de la Pologne, de la Tchécoslovaquie et de la Hongrie 500 chars T-55 et T-62, 850 véhicules blindés (BMP-1, OT-64 et BRDM-1) et plusieurs dizaines de milliers d'armes légères, mais durant une certaine période, l'Irak ne recevra aucune arme en provenance directe de l'Union Soviétique (pas la moindre pièce d'artillerie ultramodernes, d'avions de chasse ou d'hélicoptères), afin de préserver l'équilibre entre les deux belligérants.

Pékin s'associe à Bagdad

La république populaire de Chine se trouve elle aussi très embarrassée par le déclenchement de la guerre Iran-Irak. Les dirigeants Chinois craignent que ce conflit ne permette à Moscou et Washington d'améliorer leur position dans la région. C'est surtout le jeu de Moscou qui inquiète Pékin, car après la chute du Chah et l'échec de l'opération de libération des otages, les Etats-Unis semblent en perte de vitesse dans cette partie du monde. Les dirigeants Chinois, qui entretenaient d'excellentes relations avec le Chah au nom d'intérêts géopolitiques convergents, redoutent que le durcissement du régime Iranien envers Washington ne conduise inéluctablement à un rapprochement entre l'Iran et l'URSS.

Car si la Chine se méfie du Kremlin, elle s'inquiète aussi du prosélytisme de Téhéran, craignant que l'exportation de la révolution islamique déstabilise sa province du Xinjiang qui abrite une population Ouïgoure de culture musulmane. C'est la raison pour laquelle Pékin avait critiqué le changement de régime en Iran, de leur point de vue, tout doit être mis en œuvre pour contrer le jeu Soviétique. Puisque le Kremlin semble se détourner de Bagdad pour privilégier une ouverture en direction de Téhéran, il est évident que la Chine doit soutenir l'Irak, afin d'affaiblir la position Soviétique dans la région. De manière pragmatique, Deng Xiaoping se tient prêt à armer discrètement Bagdad pour tenter de détacher l'Irak de la sphère d'influence Soviétique. Cette assistance militaire permettra en outre à Pékin d'engranger de précieuse devises dont le régime a cruellement besoin. Elle ne doit pas précipiter la chute du régime Iranien, qui profiterait à Moscou. La position du gouvernement Chinois se résume donc à trois impératifs (endiguer l'Union Soviétique, conquérir de nouveaux marchés et maintenir l'équilibre entre les belligérants). Une mission militaire se rend à Bagdad pour évaluer les besoins de l'armée Irakienne, elle est d'autant mieux accueillie que les Irakiens sont furieux de l'attitude Soviétique. L'armement Chinois n'est certes pas de grande qualité, puisqu'il ne s'agit que de pâles copies de matériel Soviétique, mais il a l'avantage d'être disponible rapidement et en grandes quantités. Les discussions portent essentiellement sur le matériel terrestre, les Irakiens s'étant tournés vers la France pour le renforcement de leur aviation. Les premiers cargos d'armes et de munitions quittent la Chine à la fin de l'automne 1980 et parviennent en Irak au début de l'année 1981. A partir de ce moment, les Irakiens recevront régulièrement des lots de chars T-59 et T-69 (copies des T-55 et T-62), de canons tractés type-59 (copie du M-46 de 130 mm), de fusils d'assaut type-56 (copie de l'AK-47) et de millions d'obus et munitions diverses. Pendant toute la durée du conflit, la Chine s'imposera comme le troisième fournisseur d'armes de l'Irak, derrière l'URSS et la France.

Rôle de l'Europe

Fin septembre 1980, la cacophonie règne à Bruxelles, siège de la communauté économique européenne, comme lors de chaque crise au Moyen-Orient. La politique européenne de sécurité et de défense n'est pas encore à l'ordre du jour et les principaux acteurs européens, incapables de s'entendre sur une stratégie commune, font prévaloir leurs intérêts politique et commerciaux bien souvent contradictoires. Tous juste parviennent-ils à rédiger le texte d'une déclaration insipide exprimant leur vive préoccupation face aux événements et rappelant l'importance capitale que revêt pour eux la liberté de navigation dans le Golfe. Les européens sont plus dépendant du pétrole extrait de la péninsule arabique que les Américains. Ils sont aussi plus vulnérables à la déstabilisation de cette région et la fermeture du détroit d'Ormuz reste l'un de leurs cauchemars. Encore fragiliser par le second choc pétrolier, ils ne se sentent pas d'attaque pour subir une nouvelle hausse brutale du prix des hydrocarbures. Leur priorité consiste à sécuriser leurs approvisionnements énergétiques et à préserver leurs relations commerciales avec les pétromonarchies. Pour cela, il leur faut ménager à la fois les belligérants et les souverains du Golfe.

C'est la raison pour laquelle les dirigeants européens vont s'opposer à l'imposition d'un embargo des Nations-Unis sur les ventes d'armes aux pays de la région, de peur qu'en retour, ces mêmes pays décrètent un embargo pétrolier à leur encontre, comme ce fut le cas durant la guerre du Kippour. Au passage ils savent qu'ils pourront ainsi continuer à leur vendre du matériel militaire, pour le plus grand bénéfice de leurs industries d'armement. Pour Margaret Tchatcher ses priorités en matière de politique étrangère sont ailleurs et visent principalement l'endiguement de l'Union Soviétique. Tant que celle-ci n'intervient pas militairement dans le Golfe et que les intérêts Britanniques sur place ne sont pas directement menacés, Londres n'a pas de raison de s'impliquer dans ce conflit. Margaret Tchatcher et d'autant plus sereine qu'elle peut compter sur le pétrole extrait de la mer du nord qui réduit sa dépendance énergétique vis-à-vis du Moyen-Orient. Cette attitude permet aux Britanniques de vendre aux deux belligérants des produits pharmaceutiques, de l'équipement automobile et des machines-outils. En matière militaire, le gouvernement Britannique impose deux règles strictes (respect des contrats conclus avant le déclenchement des hostilités ; aucune fourniture d'équipement susceptible d'accroître significativement les capacités militaires de l'un ou de l'autre camp). Interprétant ces consignes de manière souple, le gouvernement Britannique livrera aux Iraniens et aux Irakiens des moteurs et pièces de rechange pour chars Chieftain et Scorpion, qui permettront aux premiers d'entretenir leur parc de blindés acquis à l'époque du Chah et aux seconds de réparer les chars capturés sur l'armée Iranienne.

Londres fournira à Téhéran des systèmes de contre-mesures électroniques, et assurera l'entretien et la modernisation du réseau local de détection aérienne. L'un dans l'autre, la République islamique deviendra le second client du Royaume-Uni au Moyen-Orient, derrière l'Arabie Saoudite. Pour maintenir l'équilibre, les Britanniques livreront à Bagdad 300 Land Rover et des systèmes radar de guidage d'artillerie. Ils accueilleront de nombreux stagiaires Irakiens dans leurs académies militaires et assureront la formation de base d'une partie des pilotes de Saddam. Ils proposeront également aux autorités Irakiennes de leur fournir une usine clé en main leur permettant d'assembler plus de 200 avions de type Hawk. Les négociations traîneront en longueur et les Irakiens finiront par acheter des avions écoles Tchèque, Suisses et Brésiliens. En Allemagne, le chancelier Helmut Schmidt adopte lui aussi une posture de stricte neutralité, invoquant la constitution qui l'empêche d'impliquer son pays dans un conflit armé. En réalité, ses arguments sont tout aussi mercantiles que ceux des Britanniques. L'Iran est devenu au fil des ans son premier partenaire commercial au Moyen-Orient, et les deux pays sont liés par d'importants contrats qui ont survécu à la révolution islamique. Des nuées de véhicules d'origines Allemande continuent de circuler dans les villes Iraniennes, à la périphérie desquelles les usines tournent bien souvent grâce à des machines-outils importées d'Allemagne. Preuve de ces intérêts croisés, l'Iran détient alors le quart du capital du fameux conglomérat industriel Krupp. Le chancelier Schmidt est donc bien décidé à tout faire pour ne pas sacrifier cette relation privilégiée, quitte à livrer discrètement du matériel militaire à Téhéran, qu'il s'agisse de camions Mercedes, de remorques porte-chars ou de munitions de petits calibres fabriquées par la firme Werner. Pour calmer les états d'âme de la classe politique Allemande, ces équipements seront pudiquement qualifiés de (non offensifs). Le gouvernement Allemand aura toutefois plus de difficultés à justifier la négociation portant sur la vente de sous-marins ultramodernes de type 209.

Paris et Riyad exerceront de telles pressions que cette négociation n'aboutira pas. Son échec expliquera en partie l'enlèvement d'otages Allemands au Liban (Rudolph Cordes et Alfred Schmidt). Ceux-ci serviront de monnaie d'échange pour tenter de convaincre Bonn de rouvrir la négociation, mais aussi de libérer un terroriste chiite d'origine Iranienne détenu en Allemagne. L'arrivé au pourvoir de Helmut Kohl ne modifiera rien la posture Allemande qui restera inchangée jusqu'à la fin de la guerre. Les autorités Allemande joue sur les tableaux et parviennent à maintenir des relations cordiales avec Bagdad. Les Irakiens ne se font toutefois aucune illusion sur les mots doux que l'ambassadeur Allemand leur susurre, mais ils prennent tout ce que son gouvernement est prêt à leur vendre Mercedes pour les privilégiés du régime, machines-outils et composant chimiques pour les ingénieurs chargés de la mise au point des armes non conventionnelles, porte-chars et camions de gros tonnage pour l'armée. Pour se donner bonne conscience, Bonn assurera la formation des médecins militaires Irakiens et livrera à Bagdad plusieurs hôpitaux de campagne. Les industriels Allemand vendront également à l'Irak une soixantaine d'hélicoptères de combat BO-105 équipés de redoutables missiles antichar HOT. Ceux-ci seront discrètement livrés aux Irakiens par l'intermédiaire de l'Espagne, qui assemble une partie de ces hélicoptères, afin de permettre à l'Allemagne de continuer d'afficher sereinement sa neutralité vis-à-vis des deux belligérants. Le gouvernement Allemand cherchera par là même à éviter une réaction épidermique des Israéliens qui s'opposent farouchement à la vente d'armes sophistiqués à l'Irak, et avec lesquels les dirigeants Allemands entretiennent des relations complexes, fruit de leur histoire tragique qui les poussent à ne rien faire qui puisse compromettre la sécurité d'Israël.

Tout comme l'Allemagne, l'Italie cherche à préserver ses liens commerciaux avec l'Irak et l'Iran. Le président du conseil, chrétien-démocrate Francesco Cossiga, se déclare neutre et désireux de maintenir des relations cordiales avec Bagdad et Téhéran. Il affirme que les contrats conclus avant-guerre seront honoré. Il ordonnera la livraison à l'Iran de 24 hélicoptères de transport Chinook, accompagnés de leurs lots de moteurs et pièces de rechange, de plusieurs dizaines de systèmes de guerre électronique et de 13 radars de surveillance côtière. Parallèlement, son gouvernement autorisa la livraison à l'Irak de plusieurs millions d'obus et de plusieurs centaines de milliers de mines, dont certaines transiteront par Singapour. Malheureusement pour lui, l'instabilité gouvernementale dont souffre la vie politique Italienne provoquera rapidement sa chute et ses successeurs, contraints par des coalitions situées plus à gauche s'interdiront toute vente d'armes aux belligérants. Les contrats en cours de négociations se retrouveront gelés. Ce sera une très mauvaise nouvelle pour la firme Fincantieri qui venait tout juste de conclure la vente de 11 navires de guerre à l'Irak (4 frégates, 6 corvettes et 1 pétrolier) et de 7 patrouilleurs à l'Iran !

En quelque mois, les autorités Italiennes réussiront donc l'exploit de se fâcher avec les deux belligérants qui réclameront à cor et à cri la livraison des navires promis. Cet embargo sera problématique que pour maintenir les emplois dans ses chantiers navals, le gouvernement Italiens ordonnera la construction des navires de guerres destinés à l'Irak. Une fois achevés, ceux-ci péricliteront à quai, dans l'attente de leur transfert improbable vers les eaux du Golfe. Le gouvernement finira par transférer le droit de propriété de ces navires à la marine Irakienne. Ces navires ne pourront quitter la méditerrané, ils ne participeront pas aux hostilités.

Pour calmer la colère des Irakiens et des Iraniens, les autorités Italiennes fermeront les yeux sur les nombreux trafics d'armes légères, de mines et de munitions destinés à alimenter les deux camps, dans lesquels seront impliquées plusieurs firmes transalpines. Le gouvernement Italiens se verra contraint d'arrêter les dirigeants de la société Valsella (filiale du groupe Fiat, spécialisée dans l'assemblage de mines) après que ceux-ci auront dépassé les bornes, violant outrageusement l'embargo décrété par Rome. L'Espagne et la Grèce, totalement dépendantes du pétrole Moyen-Orientale, refusent-elles aussi de prendre parti pour l'un ou l'autre des belligérants, mais leur font savoir qu'elles se tiennent prêtes à leur fournir discrètement des armes et des munitions, afin d'engranger de précieux revenus. Ces deux pays en ont besoin pour atténuer les affres de la crise économique qui les touche durement. Les gouvernement Espagnol et Grec livreront à l'Iran des pièces de rechange pour chasseurs Phantoms, puisque leurs aviateurs utilisent ces mêmes aéronefs. Et tant pis si la disponibilité de leur armée de l'air en pâtira ! L'Espagne, déterminée à profiter au maximum de l'opportunité que lui offre cette guerre pour renflouer ses caisses, vendra aussi à l'Irak des Land Rover Santana, endossant également la vente d'hélicoptères BO-105 conclu par l'Allemagne.

Les pays scandinaves, tout comme ceux du Bénélux, font preuve en revanche d'une attitude plus indépendante. Ils condamnent l'Irak et l'Iran pour s'être mutuellement entraînés dans un conflit stupide et criminel. Etant beaucoup moins dépendants du pétrole Moyen-Oriental, puisqu'ils ont accès à celui extrait de la mer du nord, et n'ayant aucun intérêt dans la région, ils peuvent se permettre cette liberté de ton sans craindre de représailles. Ils ne s'en saliront pas moins les mains en concluant, eux aussi, quelques contrats juteux avec l'un ou l'autre des belligérants, voire les deux. Au total, l'ensemble des pays européens livreront pour 27 milliards de dollars d'équipements militaires à l'Irak et à l'Iran, couvrant ainsi le quart de leurs achats d'armement. Quant à la France, elle équipera et soutiendra l'Irak du début à la fin de ce conflit, que ce soit sur le matériel et les instructeurs pour former les Irakiens sur place.

Le pouvoir Syrien soutien l'Iran

Le président Syrien Hafez el-Assad se rallie immédiatement à Téhéran, respectant par là même l'alliance conclue avec le régime Iranien un an plus tôt. Jusqu'alors, la Syrie jouait clairement dans le camp arabe, par solidarité et par intérêt. En confrontation permanente avec Israël elle avait besoin de l'assistance matérielle des pays Arabes et de leur soutien politique pour maintenir la pression sur l'Etat juif et continuer à alimenter la résistance Palestinienne. Le maintien d'un imposant arsenal militaire coûte en effet très cher et la Syrie qui ne dispose que d'une agriculture famélique et d'un peu de pétrole, a bien du mal à boucler son budget. Ne pouvant pas trop compter sur l'appui des pétromonarchies qui récusent son régime républicain et son orientation socialiste, le gouvernement Syrien s'est longtemps tourné vers l'Egypte et l'Irak, les deux autres républiques sont animosité envers Israël. Après la volte-face de Sadate et la conclusion d'un accord de paix entre l'Egypte et Israël, Damas n'a plus guère eu d'autre choix que de miser sur un rapprochement avec Bagdad, malgré les veilles querelles opposant les frères ennemis Baassistes.

L'arrivé au pouvoir de Saddam Hussein a changé la donne, alors que l'accord d'union entre les deux pays avec le général Al-Bakr était sur le point d'être signé, l'arrivé de Saddam qui a remplacé al-Bakr a contraint ce dernier à changer radicalement d'option. Se retrouvant isolé au sein du monde arabe, Hafez el-Assad renforce alors ses liens avec l'URSS et se tourne vers l'Iran qui lui apparaît comme la seule puissance régionale capable d'exercer les pressions suffisantes à l'encontre des trois pays les plus menaçants pour sa sécurité, c'est-à-dire Israël, la Turquie et l'Irak. Ce revirement inattendu offre aux dirigeants Iraniens l'occasion inespérée de fragmenter le camp arabe et de fragiliser l'Irak, sachant que ce pays ne pourra plus compter sur le renfort de troupes Syriennes en cas de guerre, et qu'une partie de ses exportations pétrolières peut être menacée puisqu'elle transite par la Syrie, via l'oléoduc reliant Kirkouk au port de Baniyas. Cette alliance de revers semble d'autant plus saine que les Syriens et les Iraniens ne partagent pas de frontière commune, limitant ainsi les risques de frictions entre eux. Elle convainc surtout le clergé Iranien, qui cherche à exporter la révolution Islamique, que son action déstabilisatrice doit viser en priorité l'Irak, de manière à constituer un nouvel axe chiite qui engloberait l'Iran, l'Irak, la Syrie et le Liban. Dès le déclenchement des hostilités entre l'Irak et l'Iran, il décide d'aider militairement Téhéran. Il ordonne la livraison d'importantes quantités de missiles, munitions et autres équipements légers d'origine Soviétique qui viennent compléter ceux que les Iraniens ont pris aux Irakiens. Toutes ces armes sont facturées au prix fort, elle fournit également à l'Iran de nombreux produits pharmaceutiques et alimentaires et l'autorise à déployer plusieurs centaines de Pasdarans au Liban. Assad n'hésitera pas non plus à accueillir les dirigeants Kurdes Irakiens, qui tentent d'échapper à la police secrète de Saddam, il ira même jusqu'à télécommander des attentats contre les intérêts Irakiens ai Liban, des agents Syriens seront ainsi impliqués dans la destruction de l'ambassade d'Irak à Beyrouth, en décembre 1981.

Mouammar Kadhafi, guide de la révolution Libyenne, attend son heure pour se venger de Saddam Hussein qui l'a toujours traité avec mépris et le considère comme un illuminé. Le colonel Kadhafi reproche en outre à Saddam Hussein de renforcer Israël en adoptant une attitude hostile vis-à-vis de la Syrie. Il lui reproche également de soutenir Yasser Arafat, à l'heure ou plusieurs capitales arabes lâchent le chef de l'OLP, l'accusant de déstabiliser le Liban. Mais plus que tout, c'est la rivalité qu'il nourrit à l'encontre du dictateur Irakien qui explique sa position. Car Kadhafi s'imagine volontiers en challenger de Saddam et Assad dans la course au leadership du monde arabe. Comme il a compris que l'Irakien était le favori, il a décidé de s'allier au Syrien. Le premier septembre 1980, trois semaines avant le début des hostilités, il a proposé au président Assad la fusion entre Jamahiriya Libyenne et la république Syrienne, se déclarant prêt à soutenir financièrement la Syrie et à s'aligner sur sa politique étrangère. De fait, lorsque la guerre éclate entre l'Irak et l'Iran, le colonel Kadhafi se retrouve coincé, car il lui faut lui aussi soutenir l'Iran. Cette posture lui offre néanmoins la possibilité de se racheter auprès du clergé Iranien et faire oublier la ténébreuse affaire de l'assassinat de l'imam Moussa al-Sadr. Deux ans plus tôt, cet imam Libanais, proche de Khomeiny avait mystérieusement disparu lors d'un déplacement officiel en Lybie. Les autorités Libyenne avaient prétendue qu'il avait quitté le pays, mais plus personne ne l'avait revue depuis. Très populaire au sein de la communauté chiite Libanaise, réputé pour ses positions modérées et son engagement dans le dialogue interconfessionnel, il s'était fait de nombreux ennemis, notamment parmi les dirigeants Palestiniens qu'il accusait de vouloir affaiblir le Liban.

Son activisme avait profondément agacé le régime Syrien, peu de temp après sa disparition, le clergé Iranien avait pointé du doigt le colonel Kadhafi et l'avait accusé d'avoir organisé l'élimination du saint homme, probablement sur ordre de dirigeants Palestiniens ou Syriens. En 2011, profitant du soulèvement populaire contre Kadhafi, l'ambassadeur Libyen auprès de la ligue arabe affirmera que l'imam Moussa al-Sadr avait bien été assassiné et enterré en Libye. Désireux de se faire pardonner, le colonel Kadhafi promet au gouvernement Iranien de lui fournir d'importantes quantités de matériels militaires. Cela lui est d'autant aisé que des stocks d'armes impressionnants, payés rubis sur l'ongle grâce à la manne pétrolière, dorment dans ses hangars. A partir de 1981, des cargos et des avions feront la navette avec l'Iran pour transporter sur place des chars T-55, T-62 et T-72, des véhicules blindés BTR-60 et BMP-1, des armes antichars et antiaériennes et plusieurs millions d'obus et munitions diverses.

Enfin, Ali Nasser Mohammed, qui dirige d'une main de fer le régime marxiste du Yémen Sud, prend lui aussi fait et cause pour l'Iran pour punir Saddam Hussein d'apporter son soutien au Yémen du Nord. Six mois plus tôt, le président Irakien s'est en effet engagé à soutenir ce dernier, afin de se concilier les bonnes grâces du souverain Saoudien. Le Yémen du Sud est pauvre et ne peut donc aider matériellement l'Iran, mais sa position géostratégique, à l'embouchure de la mer Rouge, reste précieuse pour Téhéran qui veut pouvoir menacer le détroit de Bab el-Mandeb et harceler le trafic maritime en mer Rouge. C'est en effet par-là que transitent une partie des armes acquises par l'Irak mais aussi une part importante du pétrole extrait d'Arabie Saoudite. Sur le grand échiquier régional, le Yémen du Sud devient ainsi un pion qui permettra à l'Iran d'accroître la pression sur l'Arabie Saoudite. Par symétrie, le gouvernement du Yémen du Nord fait acte d'allégeance à l'Irak et son président, Ali Abdallah Saleh, s'engage à envoyer plusieurs milliers de (volontaires) combattre sur le front Irakien. Preuve ultime de ces divisions, la Ligue des Etats Arabes sera incapable de réagir. Sa seule initiative consistera à convoquer un sommet à l'issue duquel les participants s'entendront sur une déclaration a minima appelant l'Iran à accepter un cessez-le-feu. Par la suite, chacune de ses initiatives sera torpillée par l'une ou l'autre des factions qui soutiennent ou s'opposent à l'un ou l'autre des belligérants.

Israël soutient l'Iran

Dès les premiers jours de la guerre, Israël soutient l'Iran, alors même que Khomeiny voue le (petit Satan) Israélien aux gémonies et appelle les musulmans du monde entier à se lancer dans le Djihad pour libérer Jérusalem de l'occupation sioniste. Apparemment paradoxale, l'aptitude Israélienne est pourtant parfaitement rationnelle. Depuis son indépendance, Israël a toujours entretenu d'excellentes relations avec l'Iran de Pahlavi, partageant un intérêt commun d'endiguement du camp arabe. Pour Israël, l'Iran a toujours été le parfait allié de revers, et vice versa. La volonté de nuire au régime Irakien explique en grande partie la position Israélienne. L'Irak apparaît alors comme l'adversaire le plus dangereux d'Israël, qui cherche de surcroît à se doter de la bombe atomique. Le régime Iranien est perçu comme une menace beaucoup plus lointaine, vu d'Israël, tout doit être mis en œuvre pour barrer la route à Saddam et affaiblir son armée.

Israël fournit une aide militaire discrète. Aussi, Israël a un autre intérêt qui est de rapatrié tous les juifs Iraniens, en échange de leur rapatriement, Israël a fourni une aide militaire à l'Iran, au total ne se sont pas moins de 55 000 juifs rapatriés en Israël. Les Israéliens fourniront aux Iraniens non seulement des pièces de rechange, mais également des quantités croissantes d'armes et de munitions. C'est stocks incluront plusieurs centaines de missiles Hawk, Sidewinder et Sparrow, 1 250 missiles antichars TOW, des nacelles de guerre électronique améliorant la capacité de pénétration des chasseurs Iraniens, des équipement radar, un milliers de téléphones de campagne, plusieurs centaines de Jeep, 50 obusiers Soltam M-71 de 155 mm, 150 canons antichars M-40, plusieurs milliers d'armes légères accompagnées de millions de cartouches et plusieurs centaines de milliers d'obus de 105, 130, 155, 175 et 203 millimètres.

Rôle de la Turquie

La Turquie profite de cette guerre, tant sur le plan économique que sur le plan politique, le déclenchement des hostilités survient dix jours à peine après le coup d'état du 12 septembre 1980 qui a porté les militaires au pouvoir. Le général Kenan Evren, chef de la nouvelle junte, ne pouvait espérer meilleure diversion pour atténuer les critiques de la communauté international. Suite au début des hostilité, la Turquie décide de tirer partit pour traiter avec les deux belligérants, tout en affichant un neutralisme de façade qui ne trompe personne, mais qui permet de préserver les apparences. Mi-octobre Ankara doublera ses achats de pétrole à l'Irak (via l'oléoduc Kirkouk-Dortyol) et à l'Iran (via le terminal de Kharg), non sans avoir négocier une réduction sur les prix. Parallèlement, le gouvernement Turc mettra en place une noria de camions qui permettra d'approvisionner l'Irak et l'Iran en biens de toutes sortes et faire redémarrer l'économie désastreuse d'avant la prise du pouvoir par les militaires. La Turquie fermera aussi les yeux sur les livraisons d'armes qui transiteront par son territoire que ce soit à destination de Bagdad ou de Téhéran, bien sûr en recevant son bénéfice au passage. Le 5 mai 1981, la Turquie et l'Iran signeront un accord pour accroître leurs échanges commerciaux et relier leurs réseaux de télécommunication. Une centaine de médecins militaire Turcs se rendront sur le front avec d'importante quantité de matériel médical pour aider le service de santé Iranien, débordé face à l'afflux de blessés. Le régime Iranien fait appel à de la main d'œuvre Turc pour remplacer les ouvrier Iraniens partit au front. L'effondrement du prix du pétrole, à partir de 1985, ne fera qu'accroître la dépendance des belligérants envers la Turquie. Irakiens et Iraniens, privés d'une partie de leurs revenus pétroliers, devront se contenter des biens de consommations de piètre qualité produits en Turquie.

Vente d'armes

Cette guerre fut le théâtre d'un scandale de trafic d'armes, l'affaire dite de (l'Iran-Contrat), également connue sous le nom d'Irangate. Le scandale était lié au sort d'otages Américains retenus au Liban par le Hezbollah. Il s'avéra que la libération des otages fut négociée contre la livraison à l'Iran d'armes Américaines et de rapports secrets sur les troupes Irakiennes. Le scandale ébranla la Maison-Blanche qui avait elle-même placé l'Iran sous embargo après l'arrivé au pouvoir de Khomeiny. Israël servit d'intermédiaire dans l'affaire, qui avait déjà secrètement vendu auparavant des armes antichars.

La France soutient l'Irak, ce qui se traduit par le niveau élevé de ses ventes et livraisons d'armes. Dans le même temps des entreprises Française livrèrent clandestinement du matériel à l'Iran, ce qui déclencha l'affaire Luchaire, la vente de ses armes sont la cause d'un contentieux non remboursé entre la France et l'Iran (affaire de l'Eurodif).

Chapitre 6

Conséquences

Le nombre de victimes varient selon les estimations, certaines estimations vont jusqu'à plus d'un million de morts, cependant il est possible que le bilan soit plus lourd car les journalistes occidentaux avaient interdiction d'aller sur le front du côté de l'Iran, mais l'Irak accepter la visite de journalistes et observateurs étrangers, mais les refuser quand l'armée utiliser des armes non-conventionnelles. L'Iran envoya beaucoup de mineur se battre, certains avaient moins de 15 ans. Il y avait aussi des combattants Iraniens qui n'était pas enregistrés dans les troupes réglementaires et qui partez se battre avec peu d'équipements, il s'agissait souvent de personnes âgées, qui était fanatisé, pour la plupart malade et qui n'était pas apte à se battre. De nombreux militaire blessés meurt après la fin du conflit, les dégâts fait aux habitations Iraniennes furent considérables, environ 4 000 villages Iraniens et 120 000 maisons Iraniennes furent touchés. De plus, 52 villes en Iran furent endommagées, six de ces villes furent complétement rasées tandis que quinze autres subirent des niveaux de destructions allant de 30 à 80 %, en particulier la ville de Khorramchahr fut presque totalement détruite, ayant subi la destruction de 80 %. Plus de 30 % des villages Iraniens touchés furent entièrement détruite.

Profitant de l'anarchie après la chute de Saddam Hussein suite à la guerre en Irak en 2003, l'Iran a lancé une vague massive d'assassinats contre les pilotes, responsables militaires Irakiens ayant participé à la guerre. En janvier 2006, selon les statistiques du ministère de la défense Irakien, 182 pilotes et 416 officiers de rang ont été tués par des agents Iraniens, la campagne d'assassinats a incité 836 autres pilotes et officiers Irakiens à fuir le pays. En 2008, le ministère du renseignement Iranien aurait offert 50 000 dollars pour l'assassinat de tout pilote ayant participé à des opérations contre l'Iran durant la guerre. Les réparations à cause de cette guerre vont jusqu'à plusieurs milliards de dollars. La guerre se termina par une victoire Irakienne et la signature d'un Statu Quo.

Nul doute que la victoire de l'Irak a eu un impacte sur la géopolitique régionale et international dans les années qui suivirent, mais ça, c'est une autre histoire.

Je remercie tous mes lecteurs pour avoir acheté et d'avoir pris le temp pour lire cet ouvrage, ceci est mon premier ouvrage, le travail fut difficile mais je suis fière de le partager avec vous.

Merci à tous

Ouvrages de références

La guerre Iran-Irak 1980-1988 de Pierre Razoux/Collection tempus/éditions Perrin

La guerre Iran-Irak Saddam Hussein et le rôle controversé des Etats-Unis de Corentin de Favereau

La guerre Iran-Irak Islam et Nationalismes de Abdel-Majid Trab Zemzemi/éditions Albatros

Les implications de la France pendant la guerre Iran-Irak/Publier le 1 juin 2021 par Antoine Buzat/édition L'Harmatan

© 2025 Thomas Willemain
Édition : BoD · Books on Demand, 31 avenue Saint-Rémy, 57600 Forbach,
bod@bod.fr
Impression : Libri Plureos GmbH, Friedensallee 273, 22763 Hamburg
(Allemagne)
ISBN : 978-2-3226-5343-0
Dépôt légal : Mai 2025